Grundausgabe
Nordrhein-Westfalen

Doppel-Klick

7

Das Arbeitsheft
 **Sprachförderung**

Herausgegeben von
Werner Bentin

Erarbeitet von
Angela Adhikari, Werner Bentin, Julia Beyer,
Piroska Evenburg, Sandra Heidmann-Weiß, Silke Quast

DOPPEL-KLICK
DAS ARBEITSHEFT ✚ SPRACHFÖRDERUNG

Inhaltsverzeichnis

Grammatik

Wortarten wiederholen

Verben verwenden

Adverbien verwenden

Satzglieder verwenden

Satzgefüge verwenden

Das kann ich!

Wissenswertes auf einen Blick

findest du auf den Umschlagseiten vorn und hinten in diesem Arbeitsheft.

Mit den Übungen und Kapiteln dieses Arbeitsheftes werden **die schriftlichen Klassenarbeiten in Klasse 7** vorbereitet.
Dabei werden folgende **Kompetenzen** trainiert:

Typ 2: Informierendes Schreiben

– in einem funktionalen Zusammenhang sachlich berichten oder beschreiben
– auf der Basis von Materialien einen informativen Text verfassen
→ Tätigkeiten beschreiben S. 12-17

Typ 3: Argumentierendes Schreiben

– eine Argumentation zu einem Sachverhalt verfassen
→ Stellung nehmen S. 22-27

Typ 4: Analysierendes Schreiben

4 a) einen Sachtext oder literarischen Text analysieren
4 b) durch Aufgaben geleitet aus diskontinuierlichen Texten Informationen ermitteln
→ Texte lesen und verstehen S. 4-11

Typ 5: Überarbeitendes Schreiben

– einen fremden Text überarbeiten
→ eine Vorgangsbeschreibung überarbeiten S. 18-21

Typ 6: Produktionsorientiertes Schreiben

– produktionsorientiert zu Texten schreiben
→ eine Geschichte planen und schreiben S. 34-38

Vergleichen mit als und wie

Irina und Metul arbeiten in der Schulbücherei.
Auf ihren Schreibtischen siehst du verschiedene Medien.

1 Vergleiche die Medien von Irina und Metul miteinander:
  • Welcher Atlas ist größer?
  • Hat Metul genauso viele CDs wie Irina?
  • Sind die Laptops beide gleich groß?
  • Welches Smartphone hat ein größeres Display?
  • Wer verwendet weniger Medien?
Beantworte diese Fragen in vollständigen Sätzen.
Markiere in den Sätzen die Wörter **als** und **wie** in unterschiedlichen Farben.

> weniger … als …
> mehr … als …
> größer als …
> genauso groß wie …
> ein größeres Display als …

Der Atlas von _____

Metul hat _____

Metuls Laptop ist _____

Irinas Smartphone hat _____

Irina verwendet _____

Merkwissen

> Mit den Wörtern **als** oder **wie** vergleichst du etwas.
> Wenn du mit der Grundstufe vergleichst, verwendest du **wie**: *so bunt wie* …
> Wenn du mit der 1. Steigerungsform vergleichst, verwendest du **als**: *bunter als* …

2 Schreibe neben die Adjektive das richtige Vergleichswort:

höher *als* _____   weiter _____

genauso schnell _____   nicht so schnell _____

länger _____   so lang _____

3 Verwende die Adjektive und die Vergleichswörter aus Aufgabe 2 in ganzen Sätzen.
Schreibe die Sätze in dein Heft.

Der Textknacker

Der Sachtext in diesem Kapitel informiert dich
über elektronische Medien.
? Wann ist für Jugendliche welches Medium am wichtigsten?
Der Textknacker hilft dir beim Knacken des Sachtextes.

1. Vor dem Lesen
2. Das erste Lesen
3. Den Text genau lesen
4. Nach dem Lesen

1. Schritt: Vor dem Lesen

1 Sieh dir den Text auf den Seiten 6 und 7
als Ganzes an.
• Worauf fällt dein Blick als Erstes?
• Wie heißt die Überschrift?
• Worum geht es vermutlich in dem Text?
• Woran hast du das erkannt?
Schreibe es auf.

In dem Text geht es _____

_____

_____

_____

2. Schritt: Das erste Lesen

W **2** Wähle aus:
• Du kannst den Sachtext einmal überfliegen.
• Oder du kannst den Text einmal still lesen.

3 Was findest du nach dem ersten Lesen interessant am Text?
Welche Fragen hast du? Schreibe Stichworte und Fragen auf.

_____

_____

_____

_____

3. Schritt: Den Text genau lesen

4 Lies den Sachtext auf den Seiten 6 und 7 genau und in Ruhe.
Tipp: Zum Text gehört auch eine Grafik.

📖 Elektronische Medien – wie wichtig sind sie für Jugendliche?

Das Fernsehgerät, das Radio, das Internet, das Handy und der MP3-Player oder auch der CD-Player sind elektronische Medien. Die meisten Jugendlichen verwenden sie regelmäßig. Wann wird aber welches Medium im Laufe des Tages besonders häufig verwendet? Wissenschaftler wollten das genauer
5   wissen. Sie haben dafür etwa 1200 Jugendliche im Alter von 13 bis 19 Jahren befragt. „Wann ist für dich welches Medium am wichtigsten?", lautete die **Fragestellung für die Studie**[1]. Das Ergebnis war: Alle Medien sind für die Jugendlichen wichtig, aber nicht jedes Medium den ganzen Tag über. Wie sich das im Tagesverlauf verändert, kannst du jetzt selbst lesen.

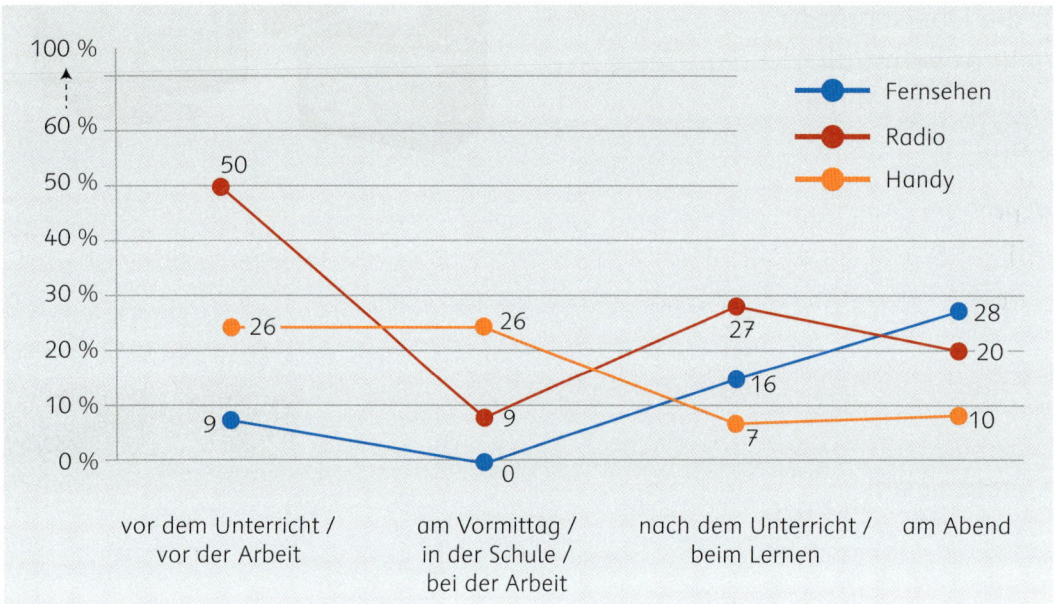

Wie wichtig sind welche elektronischen Medien im Tagesverlauf?

10   Beim Aufstehen hören die meisten Jugendlichen gern Musik. Zu dieser Zeit läuft das Radio mit dem Lieblingssender besonders häufig, nämlich bei 50 % der Befragten. Für fast genauso viele bringen der MP3-Player oder der CD-Player am Morgen die Musik. Handys spielen mit 26 % kaum eine Rolle, das Internet nutzen nur 5 %. **Vor der Schule oder vor der Arbeit**
15   bleibt wenig Zeit dafür. Etwa 9 % der Jugendlichen schauen morgens Sendungen im Fernsehen an. Welche Medien könnten auf dem Schulweg oder auf dem Weg zur Arbeit die Favoriten[2] sein? Diese Frage kannst du dir sicher selbst beantworten.

[1]   **die Studie:** eine wissenschaftliche Untersuchung
[2]   **der Favorit – die Favoriten:** der, das, die Bevorzugte, hier: die bevorzugten Medien

☐ _____

Während des Unterrichts oder während der Arbeit haben viele Medien
20 Pause. Das ändert sich **nach dem Unterricht** und nachmittags
beim Lernen. Ganz wichtig ist dann wieder Musik aus dem Radio.
Etwas weniger wichtig ist der Fernseher. Das Handy ist zu dieser Zeit
am unwichtigsten. Dagegen ist das Internet bei 13% der Jugendlichen
eine gern genutzte Fundgrube, um Hilfen bei den Hausaufgaben
25 zu finden oder sich mit Freunden in sozialen Netzwerken auszutauschen.
Kommunikation[3] spielt dabei eine große Rolle.

☐ _____

Wann spielt das Fernsehen die wichtigste Rolle? Na klar: **am Abend**.
Etwa ein Viertel der befragten Personen sehen am Abend fern,
vor allem beim Abendessen. Später sind auch Handy und
30 MP3-Player angesagt. Das Internet ist zu dieser Zeit nicht mehr
so wichtig. Nach der Studie surfen nur etwa 3% der Jugendlichen
abends im Internet. Aber es hören zu dieser Zeit fast zehnmal
so viele Jugendliche Musik, und dies aus dem MP3-Player
viel häufiger als aus dem Radio.

☐ _____

35 Hättest du diese Ergebnisse erwartet? Oder hast du selbst
ganz andere Erfahrungen gemacht? Vieles kann morgen schon wieder
anders sein, denn die **Veränderungen im Bereich der Medien**
sind groß. Wer wusste im vergangenen Jahrzehnt schon,
was ein Smartphone ist? Heute möchte kaum jemand
40 auf dieses multifunktionale Gerät verzichten.
Es ist nicht mehr nur Telefon, sondern auch Kamera, Navigationsgerät,
MP3-Player oder ein kleiner Computer. Durch immer neue Medien ist
die Wichtigkeit eines Mediums in Zukunft vielleicht ganz anders.

Weiter mit dem 3. Schritt: Den Text genau lesen

Der Sachtext besteht aus mehreren Absätzen.
Was in einem Absatz steht, gehört inhaltlich zusammen.

5 a. Nummeriere die Absätze im Sachtext. Schreibe in die Kästchen.
b. Finde für jeden Absatz eine passende Zwischenüberschrift.
   Tipp: Die hervorgehobenen Wörter und Wortgruppen helfen dir.
c. Schreibe die Überschriften auf die Schreiblinien
   über den Absätzen.

[3] **die Kommunikation:** die Verständigung untereinander und miteinander

Schlüsselwörter sind zum Verstehen besonders wichtig.
Im ersten Absatz sind die Schlüsselwörter schon hervorgehoben.

6 Finde auch in allen anderen Absätzen Schlüsselwörter. Markiere sie im Text.

7 a. Schreibe die Überschrift des Sachtextes auf ein Blatt.
b. Schreibe nun die Absatznummern und die Zwischenüberschriften
untereinander auf dein Blatt.
Tipp: Lass unter jeder Zwischenüberschrift zwei oder mehr Zeilen Platz.
c. Ergänze unter jedem Absatz deine Schlüsselwörter.

Elektronische Medien - wie wichtig sind sie
für Jugendliche?
Absatz 1: Fragestellung für die Studie
elektronische Medien, wie wichtig,
Befragung in Studie
Absatz 2:

Manche Wörter werden unter dem Text auf den Seiten 6 und 7 erklärt.

8 a. Welche Wörter werden unten auf den Seiten 6 und 7 erklärt?
Schreibe sie untereinander auf.
b. In welchen Sätzen kommen die Wörter vor? Markiere die Wörter im Text.
c. Lies die Erklärungen unter dem Text genau.
d. Schreibe die Erklärungen neben die Wörter.

die Studie: eine

Manche Wörter werden im Text erklärt.

9 a. Finde das Wort **multifunktional** im Text und markiere es.
b. Lies die Erklärung im Text.
c. Was bedeutet **multifunktional**? Schreibe es in eigenen Worten auf.

Suche Wörter, die du nicht verstanden hast, im Lexikon.

10 Das Wort **Medium** (Plural: die **Medien**) kommt mehrfach im Text vor.
 a. Lies den Lexikonartikel dazu.
 b. Erkläre das Wort **Medium** mit eigenen Worten.

> **Me|di|um**, das, lat., die Medien:
> → Mittel zur Verbreitung oder
> zur Übermittlung von etwas,
> z.B. Texten, Nachrichten, Musik,
> Bildern, Mitteilungen,
> Informationen; Medien
> in diesem Sinne sind z.B.
> der Fernseher, das Radio,
> der Computer, das Handy
> u. a. elektronische Geräte.

Zum Sachtext auf den Seiten 6 und 7 gehört auch eine Grafik.
Sie erklärt einige Textstellen genauer.

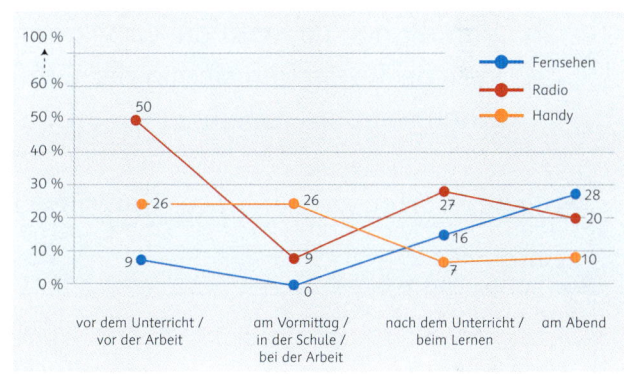

11 Sieh dir die Grafik auf Seite 6 an.
 a. Lies die Bildunterschrift.
 b. Zu welchen Absätzen passen
 die Informationen in der Grafik?
 Schreibe es auf.

Die Informationen in der Grafik passen zu den Absätzen

12 Sieh dir die Grafik noch genauer an:
 • Um was geht es in der Grafik?
 • Um wen geht es in der Grafik?
 • Welche Medien sind in der Grafik genannt?
 • Welche Tageszeiten sind in der Grafik dargestellt?
 • Was geben die verschiedenen Linien in der Grafik wieder?
Schreibe möglichst viele Informationen auf.

Durch die Linien in der Grafik erfahre ich, welches Medium zu welcher Tageszeit für

Im Text erfährst du kaum etwas zur Nutzung der Medien am Vormittag.
Dazu findest du in der Grafik mehr Informationen.

13 Beantworte mit Hilfe der Grafik diese Fragen.
Kreuze die richtige Antwort an:

- Welche Rolle spielt das Fernsehen am Vormittag?
  ☐ Es ist wichtig.   ☐ Es ist unwichtig.   ☐ Es gibt keine Angaben.

- Wie viel Prozent der Benutzer hören vormittags Radio?
  ☐ 50%   ☐ 26%   ☐ 9%

- Welches Medium wird vormittags am meisten genutzt?
  ☐ Handy   ☐ Radio   ☐ Fernsehen

Wie wichtig sind die Medien am Nachmittag? Die Grafik erklärt es genauer.

14 Zu manchen Textstellen gibt es in der Grafik genauere Angaben.
  a. Lies noch einmal den 3. Absatz auf Seite 7.
  b. Sieh dir noch einmal die Grafik auf Seite 6 an.
  c. Welche Textstellen sind in der Grafik genauer angegeben?
    Trage es in die Tabelle ein.

Medium	Antworten im Text	Antworten in der Grafik
Fernsehen		*16%*
Radio		
Handy	*am unwichtigsten*	

4. Schritt: Nach dem Lesen

? **Wann ist für Jugendliche welches Medium am wichtigsten?**
Diese Frage und deine eigenen Fragen zum Text kannst du nun beantworten.

15 Beantworte die Frage **?** und deine eigenen Fragen
in einem zusammenhängenden Text in deinem Heft.
  - Schreibe, auf welche Fragen du in deinem Text eingehen möchtest.
  - Schreibe kurz, wo du die Informationen gefunden hast.
  - Fasse dann die wichtigsten Informationen zusammen.
    Tipp: Diese W-Fragen helfen dir: **Was? Wer? Wann? Wie? Wodurch?**
  - Gibt es vielleicht Fragen, die nicht beantwortet werden? Nenne sie.
  - Schreibe im Präsens.

☺ Das kann ich! Seite 77-78

Steigerungsformen verstehen

Manchmal sind die Wortstämme in gesteigerten Wörtern ganz unterschiedlich.
Wenn du weißt, welche zusammengehören, hilft dir das, Texte besser zu verstehen.

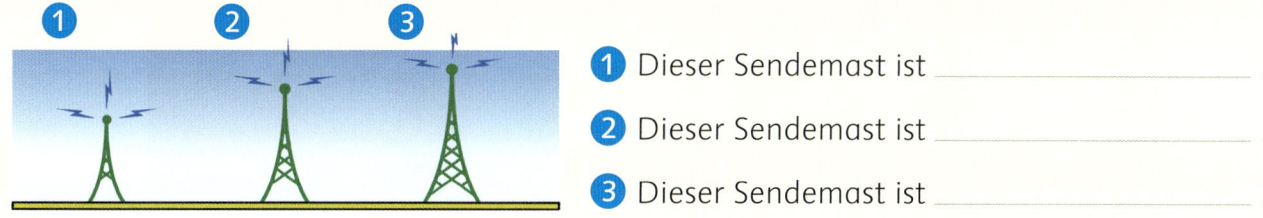

❶ Dieser Sendemast ist _____ .

❷ Dieser Sendemast ist _____ .

❸ Dieser Sendemast ist _____ .

1 Welcher Sendemast ist **hoch**, welcher **höher** und welcher **am höchsten**?
   a. Sieh dir das Bild an.
   b. Ergänze die Sätze jeweils mit der richtigen Steigerungsform.

2 In den Steigerungsformen aus Aufgabe 1 hat sich der Stamm verändert.
   Markiere die Wortstämme.

Tea: 189 Wörter

Jesko: 125 Wörter

Büsra: 320 Wörter

3 Jesko, Tea und Büsra haben unterschiedlich lange Texte geschrieben.
   Wer hat **viel**, wer hat **mehr** und wer hat **am meisten** geschrieben?
   Beantworte die Fragen mit Hilfe der Bilder.
   Schreibe ganze Sätze auf.

   Jesko hat _____

   _____

   _____

4 Musik hören, im Internet surfen und Freunde treffen sind beliebte Freizeithobbys.
   Was gefällt dir **gut**? Was gefällt dir **besser**, was **am besten**?
   Schreibe die Antworten in ganzen Sätzen auf.

   Mir gefällt _____

   _____

   _____

5 Schreibe alle Adjektive von dieser Seite und ihre Steigerungsformen auf.

   hoch – höher – am _____

   viel _____

   _____

Verben beschreiben Tätigkeiten

Für die Schülerzeitung begleitet Jule im Zoo einen Tierpfleger bei der Arbeit.
Sie macht sich Notizen.

Der Tierpfleger macht den Stall sauber.

Dann macht er das Futter klein.

Er macht die Klauen der Ziegen kurz.

Jule verwendet immer das Verb machen**. Dadurch wirkt der Text langweilig.**

1 **a.** Ordne den Tätigkeiten aus dem Text jeweils ein passendes Verb zu.
   b. Schreibe Jules Notizen mit den passenden Verben auf.
      Verwende dabei die richtige Form der Verben.

> säubern
> kürzen
> zerkleinern

Der Tierpfleger säubert _____ .

_____ .

_____ .

Mit treffenden Verben kannst du Tätigkeiten noch genauer beschreiben.

2 Ersetze in den folgenden Sätzen die Verben **machen** oder **tun**.
   Verwende dabei die Wortgruppen vom Rand.

> frisches Trinkwasser
> in den Eimer füllen
> Laubbüschel im Stall
> aufhängen
> das Fell bürsten

Der Tierpfleger macht das Fell sauber.

Der Tierpfleger bürstet _____ .

Er tut Laubbüschel in den Stall.

_____ .

Er tut frisches Trinkwasser in den Wassereimer.

_____ .

3 Welche Verben passen zu den folgenden Tätigkeiten?
   Schreibe die Verben auf die Linien.

die Tiere vom Stall zur Wiese bringen: *die Tiere* _____

die Klauen genauer ansehen: *die Klauen* _____

frische Luft in den Stall lassen: *den Stall* _____

verschmutztes Stroh vom Stallboden nehmen: *den Stall* _____

> ausmisten
> lüften
> kontrollieren
> transportieren

Tätigkeiten beschreiben

Ein Tierpfleger versorgt einen Heuler

Jule und ihre Eltern verbringen ihren Urlaub
an der Nordsee. Am Strand sehen sie eine junge Robbe,
die herzzerreißend heult.
Sie benachrichtigen sofort die Seehundstation.
5 Der Tierpfleger Fritz ist bald da. „Was machen Sie
jetzt mit dem Heuler?", fragt Jule.
Der Tierpfleger erklärt ihr: „Wenn ich sicher bin, dass
seine Mutter nicht wiederkommt, transportiere ich
das Tier zur Seehundstation. Dort untersucht der Tierarzt
10 den Kleinen auf Verletzungen. Wunden werden sofort
versorgt. Das Tier wird gemessen und gewogen, damit wir
sein Alter schätzen können. Wir kontrollieren regelmäßig
das Gewicht sowie den Gesundheitszustand und notieren die Ergebnisse. So wissen wir,
ob das Tier gesund ist. Während der ersten zehn Tage bleibt der Neuankömmling allein
15 in einem Becken. Denn wir müssen sicher sein, dass er keine Krankheit einschleppt.
Danach wird er zu den anderen Jungtieren in das große Becken gebracht. Nach zwei
Monaten geht es den meisten Tieren so gut, dass wir sie zurück ins Meer bringen können."

Was muss der Tierpfleger tun, wenn ein Heuler gefunden wird?

1 Einige wichtige Verben sind im Text hervorgehoben.
Markiere weitere wichtige Verben und andere Wortgruppen.

2 Ergänze die folgenden Sätze. Verwende deine Markierungen im Text.

Der Tierpfleger _____ das Tier zur Seehundstation.

Der Tierarzt _____ das Tier und _____ die Wunden.

Der Tierpfleger hilft, wenn das Tier _____ und _____ wird.

Regelmäßig _____ der Tierpfleger, wie schwer der Heuler ist.

Nach zehn Tagen _____ er den Heuler in das _____ .

Nach zwei Monaten ist der Tierpfleger dabei, wenn sie die Tiere

_____ .

Was gehört zu den Tätigkeiten eines Tierpflegers?

Nach dem Erlebnis an der Nordsee interessiert sich Jule für die Arbeit eines Tierpflegers.

1 Welche Tätigkeiten eines Tierpflegers kannst du auf den Bildern sehen?
a. Sieh dir die Bilder an.
b. Schreibe die Verben vom Rand unter die passenden Bilder.
c. Schreibe zu jedem Bild einen Satz auf.

> füttern
> auskratzen
> säubern

Ein Tierpfleger im Zoo berichtet:

„Fast den ganzen Tag kann ich draußen sein.
Die körperlichen Arbeiten sind aber anstrengend.
Und in den Gehegen stinkt es auch mal, obwohl ich
sehr viel putze. Meine Arbeitskleidung ist praktisch und
5 bequem. Ich kenne meine Tiere gut und merke schnell,
wenn sie krank sind. Ich denke mir gern Beschäftigungen für die Tiere aus. Dann bringe
ich zum Beispiel ein neues Klettergerüst an oder verstecke das Futter. Am liebsten
versorge ich neugeborene Tiere. Das Ausrechnen der Futtermengen macht mir nicht
so viel Spaß. Leider habe ich manchmal auch am Wochenende Dienst."

2 Was gefällt dem Pfleger an seiner Arbeit und was nicht?
Fülle die Tabelle in Stichworten aus.

Was gefällt dem Pfleger?	Was gefällt dem Pfleger nicht so gut?
- kann draußen sein	- Arbeit ist körperlich anstrengend

Jule überlegt, ob sie als Tierpflegerin geeignet wäre.

3 Welche Stärken von Jule sind für den Tierpflegeberuf besonders gut?
    a. Lies den Bericht des Tierpflegers im Zoo noch einmal durch.
    b. Kreuze an, welche Stärken Jule für den Beruf nutzen kann.

☐ Sie hat keine Tierhaarallergie.   ☐ Unangenehme Gerüche stören sie.
☐ Ihr Aussehen ist schick und modisch.   ☐ Sie arbeitet am liebsten im Büro.
☐ Sie mag Musik.   ☐ Sie hat keine Angst vor großen Tieren.

Es gibt noch weitere Stärken, die für den Beruf des Tierpflegers nützlich sind.

Stärken	... ist nützlich für den Beruf, weil ich ...
eine gute Beobachtungsgabe	... Wissen über die Tiere gut behalten kann.
die Merkfähigkeit	... die Tierunterkünfte einrichten und reparieren kann.
die Kontaktfreude	... den Zoobesuchern Fragen beantworten kann.
handwerkliches Geschick	... auffälliges Verhalten bei den Tieren erkennen kann.

4 Welche Stärken sind für den Beruf des Tierpflegers wichtig?
    a. Immer eine Stärke und ein Nutzen passen zusammen. Verbinde sie.
    b. Schreibe vollständige Sätze auf.

Eine gute Beobachtungsgabe ist nützlich, weil ich auffälliges

Jule informiert sich über die Ausbildung zum Tierpfleger.

- dauert drei Jahre
- mit allen Schulabschlüssen möglich
- ähnliche Berufe: Pferdewirt, Tierwirt, Tiermedizinische Fachangestellte

5 Schreibe mit Hilfe der Notizen Sätze über die Ausbildung zum Tierpfleger auf.

Über das Berufsbild des Tierpflegers schreiben

Mit Hilfe deiner Ergebnisse von den Seiten 14 und 15 kannst du nun selbst die Tätigkeiten eines Tierpflegers beschreiben.

6 Ergänze die Informationen zum Berufsbild des Tierpflegers.
Verwende dabei deine Ergebnisse der Seiten 14 und 15.
Verwende auch die Wörter und Wortgruppen vom Rand.

Das Berufsbild des Tierpflegers

die Gesundheit
sorgen dafür
Tierhaarallergie
füttern
die Gehege säubern
im Zoo
drei Jahre
die Liebe zu Tieren
die Freude an
   körperlicher Arbeit
für Abwechslung sorgen

Tierpfleger _____, dass es Tieren gut geht.

Sie arbeiten zum Beispiel in Wildparks, in Tierarztpraxen

oder _____. Die Ausbildung dauert

_____. Für eine Ausbildung solltest du

diese Stärken mitbringen:

1. _____,

2. _____,

3. _____.

Wer eine _____ hat, ist nicht für den Beruf geeignet.

Zu den wichtigsten Tätigkeiten in diesem Beruf gehören diese:

Tierpfleger _____ die Tiere.

Regelmäßig müssen sie _____. Damit sich

die Tiere nicht langweilen, muss ein Tierpfleger _____.

Die Ausbildungsplätze sind begehrt. Es gibt aber auch ähnliche Berufe wie

_____

_____.

Z 7 Warum würdest du dich für oder gegen diesen Beruf entscheiden?
Schreibe in einem Satz deine persönliche Meinung auf.
Tipp: Nimm dabei auch auf deine eigenen Stärken Bezug.

→ Das kann ich! Seite 79

Verben im Aktiv und im Passiv

1 Lies die Schlagzeilen aus der Nordsee-Zeitung.

① **Seehunde erfolgreich ausgesetzt!**

② **Seehundstation vorübergehend geschlossen!**

③ **Wieder fünf Heuler gefunden!**

④ **Vogelzählung beendet!**

⑤ **Schweinswale gesichtet!**

Zu jeder Schlagzeile gibt es eine passende Passivform im Präteritum.
Schreibe die Passivformen vom Rand hinter die richtige Nummer der Schlagzeile.

① *Die Seehunde* _____

② *Die Seehundstation* _____

③ *Fünf Heuler* _____

④ *Die* _____

⑤ *Mehrere* _____

> wurden ausgesetzt
> wurde beendet
> wurden gefunden
> wurde geschlossen
> wurden gesichtet

Der Tierpfleger versorgt das Tier.	*Das Tier wird versorgt.*
Die Tierpflegerin wäscht den Elefant.	*Der Elefant wird* .
Der Tierarzt misst den Heuler.	*Der Heuler* *gemessen.*
Der Tierarzt untersucht die Robbe.	*wird* .
Der Tierpfleger füttert die Ziegen.	*Die Ziegen* .

2 **a.** Was tun die Personen? Lies die Sätze im linken Kasten.
   b. Was wird mit den verschiedenen Tieren getan?
      Ergänze die Lücken im rechten Kasten.
   c. Markiere die Verben in beiden Kästen.
   d. Schreibe die Sätze zusammen in dein Heft.

Das Wort man verwenden

Das Wort man drückt aus, dass du etwas unpersönlich beschreibst.

Wie Ana gute Laune bekommt

- Sie zieht Kleidung an, in der sie sich wohlfühlt.
- Sie singt ein fröhliches Lied.

Wie man gute Laune bekommt

- Man zieht Kleidung an, in der man sich wohlfühlt.
- Man singt ein fröhliches Lied.

1 a. Lies die Sätze auf der rechten und auf der linken Seite. Beantworte dann diese Fragen:

- Über wen ist der Text auf der linken Seite? *Über* _____

- Gelten die Ratschläge im rechten Text für eine bestimmte Person oder

allgemein für viele Personen? _____

b. Schreibe die Verbformen aus beiden Texten mit dem Personalpronomen auf:

_____

_____

📖 Eine Übung für gute Laune

Ich schaue mich in einem Spiegel an.
Dann lege ich die Zeigefinger auf die Mundwinkel.
Ich ziehe die Mundwinkel nach oben zu einer lächelnden Grimasse.
Ich betrachte die Grimasse so lange, bis ein echtes Lächeln entsteht.

2 a. Lies die Übung für gute Laune.
b. Schreibe den Text in eine Anleitung mit **man** um.
Die Wörter, die du ändern musst, sind markiert.

Man schaut sich _____

_____

_____

_____

_____

_____

_____

_____

Merkwissen

Das Wort **man** verwendest du, wenn etwas allgemein gilt oder für viele Menschen zutrifft. Du verwendest die Verbform für die dritte Person Singular: *man singt*.

Eine Vorgangsbeschreibung überarbeiten

Milan hat eine Vorgangsbeschreibung geschrieben.

Wie man einen Liebesbrief mit einem QR-Code verschlüsselt

1. _Zuerst gebe ich im Internet bei einer Suchmaschine die Begriffe „QR-Code erzeugen" ein. Man erhält viele Internetadressen, bei denen ich kostenlos selbst einen QR-Code erzeugen kann._

2. _Wenn man einen Liebesbrief im Würfelmuster eines QR-Codes verstecken möchte, braucht man einen kurzen, liebevollen Text und ein Handy oder einen PC mit Internetanschluss. Wenn man einen passenden Link öffnet, erschien schon ein Feld, in das man einen Text eintragen konnte. Anschließend klickt man den Button für die automatische Erzeugung des QR-Codes._

3. _Sofort erscheint auf dem Bildschirm das gemusterte Quadrat mit den verschlüsselten Informationen. Sofort speichert man das Quadrat so in einem Ordner, dass man es später wiederfindet. Zum Schluss verschickt man den QR-Code im Anhang einer E-Mail oder druckt ihn aus. man kann ihn auch direckt dem oder der Liebsten auf dem Handy zeigen._

Achtung: Fehler!

Milans Vorgangsbeschreibung kannst du noch verbessern.
Die folgenden Tipps helfen dir bei der Überarbeitung.

Tipp 1: Verwende man.

1. a. Streiche in dem Text alle Stellen durch, in denen **ich** steht.
   Streiche auch das dazugehörige Verb durch.
   b. Schreibe die verbesserten Sätze mit **man** und den richtigen Verbformen auf:

Tipp 2: Schreibe die Vorgangsbeschreibung im Präsens.

2 Welche Verbformen stehen nicht im Präsens?
    a. Streiche sie durch.
    b. Schreibe den verbesserten Satz im Präsens auf:

Tipp 3: Achte auf die richtige Reihenfolge.

3 Aus Absatz ▮ ist ein ganzer Satz in Absatz ▮ verrutscht.
    Markiere ihn und zeichne einen Pfeil dorthin, wo er hingehört.

Tipp 4: Gestalte die Satzanfänge abwechslungsreich.

4 Welche Satzanfänge wiederholen sich?
    a. Markiere sie im Text.
    b. Probiere aus, wie du die Satzanfänge verbessern kannst.
       Schreibe die verbesserten Sätze auf:

Sobald man einen passenden Link öffnet,

Tipp 5: Denke beim Schreiben an die Leserinnen und Leser.
Rechtschreibfehler stören beim Lesen.

5 Im Absatz ▮ der Vorgangsbeschreibung gibt es zwei Rechtschreibfehler.
    a. Streiche die falsch geschriebenen Wörter durch.
    b. Korrigiere die beiden Fehler. Schreibe den Satz richtig auf:

Tipp 6: Schreibe den verbesserten Text vollständig in dein Heft.

6 Schreibe die überarbeitete Vorgangsbeschreibung von Milan in dein Heft.

→ Das kann ich! Seite 80

Im Präsens Vorgänge beschreiben

Eine Vorgangsbeschreibung wird immer im Präsens verfasst.

Wie man eine Gurke knackt

Um den Kern einer Gurke zu knacken, _____*braucht*_____

man einen spitzen Gegenstand aus Metall und einen Hammer.

Zuerst entfernt man den Saft. Dafür _____ man

die drei Dellen an der Oberseite der Gurke. Eine der Dellen

ist weich und man kann sie mit einem spitzen Gegenstand

durchstoßen. Man _____ den süßen Saft

in ein Glas oder _____ ihn mit einem Trinkhalm

aus. Nun nimmt man die Gurke in eine Hand

und _____ mit dem Hammer rundum

an der dicksten Stelle der Gurke. Bald platzt

die Gurke von alleine auf. Zum Schluss _____

man mit dem Messer das Fruchtfleisch aus der harten Schale

und _____ es. Guten Appetit!

~~brauchen~~
Ⓢ essen
Ⓚ gießen
Ⓝ schlagen
Ⓢ schneiden
Ⓚ suchen
Ⓢ trinken

1 Ergänze oben im Lückentext die passenden Verben im Präsens.

2 **a.** Welche Frucht ist hier wirklich gemeint?
Wenn du alle Verben in der richtigen Reihenfolge eingesetzt hast,
findest du mit den Buchstaben das Lösungswort.

Es ist eine ☐ O ☐ O ☐ U ☐ .

b. Schreibe den Übungstext in dein Heft.
Ersetze dabei das Wort **Gurke** durch die richtige Frucht.

3 Schreibe das Rezept für einen Kokosmilchshake in vollständigen Sätzen
in dein Heft.
Tipp: Verwende beim Beschreiben **man** und das Präsens.

- 1 Glas Kokosmilch und 3 Gläser Ananassaft abmessen
- die Flüssigkeiten zusammen mit 2 Kugeln Vanilleeis
  im Mixer verrühren
- das Getränk in hohe Gläser füllen
- die Gläser mit Kokosraspeln bestreuen
- den Kokosmilchshake mit Trinkhalmen servieren

Starthilfe

Rezept für einen Kokosmilchshake
Man misst 1 Glas Kokosmilch und
3 Gläser Ananassaft …

Dass-Sätze verwenden

Man kann zu jedem Thema unterschiedlicher Meinung sein.

Ich finde, dass es eine Theater-AG geben sollte.

Ich finde, dass es eine Fußball-AG geben sollte.

1 Was meinst du dazu?
   a. Lies die folgenden Satzteile
   mit den farbigen Hervorhebungen. Streiche durch,
   was nicht deine Meinung ist.
   b. Schreibe dann vollständige Sätze auf. Beginne
   jeden Satz mit einem Satzanfang aus dem Kasten.

> Ich finde, dass …
> Ich bin dafür, dass …
> Ich meine, dass …
> Ich denke, dass …
> Ich bin der Meinung, dass …
> Ich bin der Ansicht, dass …

Ich finde, dass man MP3-Player in der Schule einschalten / ausschalten sollte.

Ich finde, dass man MP3-Player in der Schule

… es jeden Tag / nicht jeden Tag Sport geben sollte.

Ich

… Handys in den Pausen erlaubt / nicht erlaubt sein sollten.

Ich

… Eltern Taschengeld / kein Taschengeld zahlen sollten.

Ich

… jedes Jahr / nicht jedes Jahr eine Klassenfahrt stattfinden sollte.

Ich

… die Schule morgens früher / später anfangen sollte.

Ich

Stellung nehmen

In der Zeitung steht ein Artikel über den Unterrichtsbeginn.

Soll die Schule morgens später anfangen?

Tim und seine Kölner Klassenkameraden kommen oft
zu spät in die Schule. Das stört den Unterricht. Weil sie
länger schlafen wollen, fordern die Jugendlichen
einen späteren Schulbeginn. Eine Berliner Schule ließ
5 über den Schulbeginn abstimmen. Doch das Ergebnis
erstaunte viele: Fast 60 Prozent der Schüler waren
gegen einen späteren Beginn. Sie wollen nachmittags früh
nach Hause, denn sonst fehlt die Zeit für Hausaufgaben,
Hobbys und Freunde.

10 Auch viele Eltern sind für einen frühen Schulbeginn.
Sie müssen morgens selber zur Arbeit und können so kontrollieren, ob
ihr Kind wirklich zur Schule geht. Außerdem können sich die Kinder
später im Job die Arbeitszeit auch nicht aussuchen. Verspäten sie sich oft
bei der Arbeit, dann verlieren sie ihren Job.

15 Schlafforscher hingegen haben herausgefunden, dass Jugendliche
mindestens achteinhalb Stunden Schlaf brauchen. Weil die Schüler
aber abends sehr spät ins Bett gehen, schlafen sie zu wenig. Wenn sie
morgens pünktlich im Unterricht sitzen, dann sind sie übermüdet und
können sich nicht richtig konzentrieren. Darunter leiden die Noten.

20 Die Schulleistungen werden nämlich besser, wenn der Unterricht
eine halbe Stunde später anfängt.

1 Um welche Frage geht es in dem Text?

In dem Artikel gibt es verschiedene Meinungen zum Schulbeginn.

Meinung
Argument
Beispiel

2 a. Welche Meinung haben die Kölner Schüler, die Berliner Schüler,
die Eltern und die Experten? Lies im Text nach.
b. Trage in die Tabelle ein, wer für einen späteren Schulbeginn ist und wer nicht.
c. Welche Meinung hast du? Trage dich ein.

Die Schule soll später beginnen.	Die Schule soll so früh beginnen wie bisher.

Eine Stellungnahme vorbereiten

Wie begründen die einzelnen Gruppen im Artikel ihre Meinung?
Welche Argumente nennen sie?

Meinung
Argument
Beispiel

3 a. Markiere im Text alle Argumente **für** einen späteren Schulbeginn
und **gegen** einen späteren Schulbeginn jeweils unterschiedlich.

b. Trage die Argumente passend in die Tabelle ein.

Die Schule soll später beginnen.	Die Schule soll so früh beginnen wie bisher.
Jugendliche wollen länger schlafen.	*Jugendliche wollen nachmittags früh nach Hause.*

Mit Beispielen werden Argumente anschaulich und stark.

Meinung
Grund
Beispiel

4 a. Markiere im Text **Beispiele** oder **Beweise**
für einen späteren Schulbeginn.

b. Ergänze die Satzanfänge mit den **Beispielen**.

Weil Jugendliche abends sehr spät ins Bett gehen, _____

Wenn sie morgens pünktlich im Unterricht sitzen, _____

5 a. Markiere im Text **Beispiele** oder **Beweise**
gegen einen späteren Schulbeginn.

b. Ergänze die Satzanfänge mit den **Beispielen**.

Viele Eltern müssen morgens selber zur Arbeit _____

Wenn der Unterricht nachmittags länger dauert, _____

Z 6 Du hast nun viele Argumente und Begründungen gelesen.
Hat sich deine Meinung über den Zeitpunkt des Schulbeginns dadurch geändert?
Schreibe einen Satz dazu auf.

Eine eigene Stellungnahme schreiben

Bevor du eine Stellungnahme schreibst,
• bildest du dir eine Meinung,
• sammelst du Argumente,
• überlegst du dir Beispiele und Beweise.

7 Soll der Unterricht morgens später beginnen oder nicht? Kreuze an:

☐ Ich bin für einen späteren Unterrichtsbeginn.

☐ Ich bin gegen einen späteren Unterrichtsbeginn.

> Meinung
> Argument
> Beispiel

8 a. Wähle für deine Meinung passende Argumente aus.
   Tipp: Die Arbeitsergebnisse von Seite 24 helfen dir.
   b. Schreibe Argumente in der passenden Spalte auf.

> Meinung
> **Argument**
> Beispiel

Ich bin für einen späteren Unterrichtsbeginn, weil …	Ich bin gegen einen späteren Unterrichtsbeginn, weil …

9 Finde passende Beispiele für deine Argumente.
Schreibe zu zwei Argumenten aus Aufgabe 8 passende Beispiele auf.

> Meinung
> Argument
> **Beispiel**

Eine Stellungnahme beginnt mit einer Einleitung.

10 Schreibe eine kurze Einleitung.
   a. Wozu möchtest du Stellung nehmen? Schreibe kurz das Thema auf.
      Schreibe auch auf, wie du auf das Thema gekommen bist.
   b. Welche Meinung hast du zum Thema?
      Formuliere sie in einem vollständigen Satz.

> Meinung
> Argument
> Beispiel

Im Hauptteil der Stellungnahme folgen die Argumente.

11 Nenne im Hauptteil deine Argumente.
   • Nenne mindestens drei Argumente in vollständigen Sätzen.
      Deine Arbeitsergebnisse von den Seiten 24 und 25 helfen dir dabei.
   • Unterstütze deine Argumente mit Beispielen.

> Meinung
> **Argument**
> **Beispiel**

Zum Schluss fasst du deine Aussagen zusammen.

12 Schreibe zwei bis drei Schlusssätze.

   Ich finde also, dass

13 **a.** Überarbeite deine Stellungnahme.
   b. Schreibe deine vollständige Stellungnahme in dein Heft.

→ Das kann ich! Seite 81

Sätze mit weil und denn

Die Lehrerin kündigt für die erste Stunde eine Klassenarbeit an.
Im Klassenchat diskutieren die Schülerinnen und Schüler darüber.

Tim123: Die Klassenarbeit soll später geschrieben werden.
Ich bin dann nicht mehr so müde.

Sinagirl: Ich bin für die frühe Klassenarbeit.
Dann kann ich mich noch gut konzentrieren.

Celimaus: Ich bin auch dafür.
Meine Aufregung vor einer Arbeit dauert dann nicht so lange.

Leeeon: Das stört mich nicht.
Man kann auch einmal eher von zu Hause losgehen.

lilli12: Eine frühe Klassenarbeit ist gut.
Meine Vorbereitung vom Wochenende ist dann noch frisch.

Zur Begründung kannst du Sätze mit weil verbinden.

1 Verbinde die ersten drei unterstrichenen Sätze und die darauf folgenden Sätze mit **weil**.
    Tipps: • Denke an das **Komma**.
           • Das **gebeugte Verb** steht im **weil**-Satz immer am **Ende**.

Tim123: *Die Klassenarbeit sollte später geschrieben werden, weil ich dann* _____

_____

Sinagirl: *Ich bin für die frühe Klassenarbeit, weil ich mich* _____

_____

Celimaus: _____

_____

Zur Begründung kannst du Sätze auch mit denn verbinden.

2 Verbinde die letzten beiden Satzpaare aus dem Text und
die darauf folgenden Sätze mit **denn**.

Leeeon: *Das stört mich nicht, denn* _____

_____

lilli12: _____

_____

Balladen analysieren

Diese Ballade erzählt davon, was ein Zauberlehrling Ungewöhnliches erlebte.
Der Textknacker hilft dir beim Verstehen.

1 a. Sieh dir die Überschrift und die Bilder an.
   b. Wovon handelt die Ballade? Schreibe einen Satz auf.

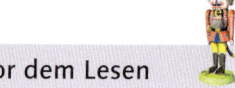
1. Vor dem Lesen

2 a. Lies die Ballade einmal still.
   b. Wer ist die Hauptperson in dieser Ballade? Schreibe es auf.

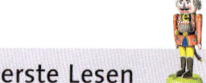
2. Das erste Lesen

3 Lies die Ballade noch einmal – in Ruhe und Strophe für Strophe.

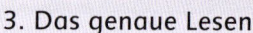
3. Das genaue Lesen

Der Zauberlehrling   Johann Wolfgang Goethe

1

Hat der alte Hexenmeister	a
Sich doch einmal wegbegeben!	b
Und nun sollen seine Geister	a
Auch nach meinem Willen leben.	b
Seine Wort' und Werke	c
Merkt' ich und den Brauch[1],	d
Und mit Geistesstärke	c
Tu ich Wunder auch.	d

Walle! walle!	a
Manche Strecke,	b
Dass zum Zwecke	b
Wasser fließe	c
Und mit reichem, vollem Schwalle	a
Zu dem Bade sich ergieße.	c

☐ selbstsicher   ☐ unsicher

2

Und nun komm, du alter Besen!
Nimm die schlechten Lumpenhüllen[2].
Bist schon lange Knecht[3] gewesen;
Nun erfülle meinen Willen!
Auf zwei Beinen stehe,
Oben sei ein Kopf,
Eile nun und gehe
Mit dem Wassertopf!

Walle! walle!
Manche Strecke,
Dass zum Zwecke
Wasser fließe
Und mit reichem, vollem Schwalle
Zu dem Bade sich ergieße.

☐ stolz   ☐ schüchtern

[1] der **Brauch**: hier: die Zauberkunst
[2] die **Lumpenhüllen**: alte Kleider
[3] der **Knecht**: der Diener

3 _____

Seht, er läuft zum Ufer nieder; _____
Wahrlich! ist schon an dem Flusse, _____
Und mit Blitzesschnelle wieder _____
Ist er hier mit raschem Gusse. _____
Schon zum zweiten Male! _____
Wie das Becken schwillt[4]! _____
Wie sich jede Schale _____
Voll mit Wasser füllt! _____

   Stehe! stehe! _____
   Denn wir haben _____
   Deiner Gaben _____
   Voll gemessen[5]! _____
   Ach, ich merk' es! Wehe! wehe! _____
   Hab ich doch das Wort vergessen! _____

☐ verunsichert   ☐ glücklich

4 _____

Ach, das Wort, worauf am Ende _____
Er das wird, was er gewesen. _____
Ach, er läuft und bringt behände[6]! _____
Wärst du doch der alte Besen! _____
Immer neue Güsse _____
Bringt er schnell herein, _____
Ach! und hundert Flüsse _____
Stürzen auf mich ein. _____

   Nein, nicht länger _____
   Kann ich's lassen; _____
   Will ihn fassen. _____
   Das ist Tücke[7]! _____
   Ach! nun wird mir immer bänger[8]! _____
   Welche Miene! welche Blicke! _____

☐ beunruhigt   ☐ froh

5 _____

O du Ausgeburt der Hölle! _____
Soll das ganze Haus ersaufen? _____
Seh' ich über jede Schwelle _____
Doch schon Wasserströme laufen. _____
Ein verruchter[9] Besen, _____
Der nicht hören will! _____
Stock, der du gewesen, _____
Steh doch wieder still! _____

   Willst's am Ende _____
   Gar nicht lassen? _____
   Will dich fassen, _____
   Will dich halten _____
   Und das alte Holz behände _____
   Mit dem scharfen Beile spalten. _____

☐ verzweifelt   ☐ erleichtert

6 _____

Seht, da kommt er schleppend wieder! _____
Wie ich mich nun auf dich werfe, _____
Gleich, o Kobold, liegst du nieder; _____
Krachend trifft die glatte Schärfe[10]. _____
Wahrlich! brav getroffen! _____
Seht, er ist entzwei! _____
Und nun kann ich hoffen _____
Und ich atme frei! _____

   Wehe! wehe! _____
   Beide Teile _____
   Stehn in Eile _____
   Schon als Knechte _____
   Völlig fertig in die Höhe! _____
   Helft mir, ach! ihr hohen Mächte! _____

☐ mutlos   ☐ freundlich

7 _____

Und sie laufen! Nass und nässer _____
Wird's im Saal und auf den Stufen. _____
Welch entsetzliches Gewässer! _____
Herr und Meister! hör mich rufen! _____
Ach, da kommt der Meister! _____
Herr, die Not ist groß! _____
Die ich rief, die Geister, _____
Werd ich nun nicht los. _____

   „In die Ecke,
   Besen! Besen!
   Seid's gewesen.
   Denn als Geister
   Ruft euch nur, zu seinem Zwecke,
   Erst hervor der alte Meister."

☐ panisch   ☐ überlegen

[4] **es schwillt:** es wird voll
[5] **voll gemessen:** genug
[6] **behände:** schnell
[7] **die Tücke:** die Schwierigkeit
[8] **bänger:** ängstlicher
[9] **verrucht:** gemein
[10] **die glatte Schärfe:** das Beil

Am nächsten Tag erzählt der Hexenmeister einem befreundeten Zauberer, was passiert war.

4 **a.** Lies den Text.
  b. Ergänze in den Lücken passende Wörter vom Rand.

Gestern habe ich meinen _____

allein gelassen. Da wollte er selbst einmal

_____. Er verwandelte einen

_____ in einen _____ und

verlangte von ihm, dass er _____

für sein Bad holt. Zuerst gelang ihm der

Zauberspruch tatsächlich. Der Besen lief zum

_____ und holte Wasser. Aber der Zauberlehrling hatte

den richtigen _____ vergessen, damit der

Besen wieder aufhört. Der ganze Boden war _____ !

Da wurde der Zauberlehrling sehr _____ und brüllte den

Besen an, aber der lief immer weiter und holte neues Wasser.

Der Zauberlehrling schlug den Besen mit einem _____ in

zwei Stücke, um ihn zu stoppen. Aber der Plan ging nicht auf:

Jetzt holten beide _____ des Besens Wasser. Mein

Zauberlehrling war so _____ , dass er nach mir rief.

Zum Glück hörte ich ihn, eilte herbei und befahl dem Besen

aufzuhören. Der Spuk war beendet.

das Beil
der Besen
der Knecht
der Lehrling
die Teile
das Ufer
das Wasser
der Zauberspruch
zaubern
überschwemmt
verzweifelt
wütend

Du weißt jetzt genauer, was in der Ballade „Der Zauberlehrling" geschieht.

W 5 Schreibe zu jeder Strophe eine passende Überschrift
auf die Schreiblinien auf den Seiten 28 und 29.
  • Du kannst die folgenden Überschriften verwenden.
  • Du kannst dir aber auch selbst welche ausdenken.

3. Das genaue Lesen

Einmal selbst zaubern   Der Besen hört nicht auf
Der Besen wird zum Knecht   Der Lehrling bekommt Angst
Rettungsversuch mit dem Beil   Der Zauber gelingt
Hilfe, Meister!

Du kannst nun den Inhalt der Ballade knapp zusammenfassen.

6 Fasse kurz den Inhalt der Ballade zusammen.
Diese Fragen helfen dir dabei:

Wer ist die **Hauptperson**? _____

Welchen Wunsch hat die Hauptperson? _____

Was passiert auf einmal? _____

_____

Was tut die Hauptperson? _____

_____

Was geschieht? _____

_____

Wie löst sich die **Spannung** zum Schluss auf? _____

_____

In der Ballade geht es sehr dramatisch zu.
Das merkst du vor allem daran, wie sich der Zauberlehrling fühlt.

7 Wie fühlt sich der Zauberlehrling im Verlauf der Ballade?
Auf den Seiten 28 und 29 sind unter den Strophen Gefühle angegeben.
Kreuze jeweils das zutreffende Gefühl des Zauberlehrlings in der Strophe an.

8 Wie verändert sich die Stimmung des Zauberlehrlings?
Ergänze im folgenden Text die Lücken.
Tipp: Die Wörter für die Gefühlszustände aus Aufgabe 7 helfen dir.

Am Anfang der Ballade fühlt sich der Zauberlehrling _____ .

Er ist _____ auf sein Können. Als der Besen aber immer

mehr Wasser bringt und dem Zauberlehrling das Zauberwort nicht

einfällt, wird er langsam _____ . Nachdem er den Besen

mit dem Beil in zwei Teile geschlagen hat, fühlt er sich _____ .

Er hofft, er hätte damit den Besen aufgehalten. Danach wird

er _____ , denn er erkennt, dass der Besen keineswegs

aufgehalten wurde. Als seine _____ Stimmung den Höhepunkt erreicht,

ruft er seinen Meister zu Hilfe.

Auch der Aufbau der Ballade ist besonders.

9 Wie ist die Ballade „Der Zauberlehrling" aufgebaut?
Beschreibe die Ballade. Ergänze die Lücken
des Textes mit Hilfe der Wörter vom Rand.

Die Ballade hat _____ Strophen. Am Ende jeder Strophe

gibt es einen eingerückten Text. Dieser Teil wird _____

genannt. Das sind wiederkehrende Verse oder Reime in einem Gedicht.

Der Refrain ist ein auffälliges Merkmal in einem Gedicht oder

einer _____. In jeder Strophe (ohne Refrain) gibt es _____ Verse.

In jedem Refrain gibt es _____ Verse.

> acht
> die Ballade
> der Refrain
> sechs
> sieben

Ein besonderes Merkmal in dieser Ballade sind die Reime.

10 a. Kennzeichne auf den Seiten 28 und 29 die Reimwörter mit Buchstaben.
   Tipp: In der ersten Strophe sind die Reimwörter schon gekennzeichnet.
b. Welche Reimform haben die ersten acht Verse?

_____

_____

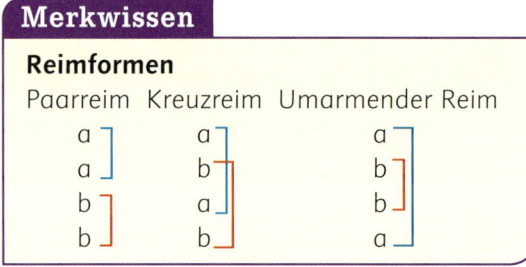

Merkwissen

Reimformen

Paarreim	Kreuzreim	Umarmender Reim
a ⌉	a ⌉	a ⌉
a ⌋	b ⌉	b ⌉
b ⌉	a ⌋	b ⌋
b ⌋	b ⌋	a ⌋

11 Welche Reimformen gibt es im Refrain?
Vervollständige den Satz:
Im Refrain gibt es verschiedene Reimformen,

nämlich _____

12 Fasse nun mit eigenen Worten zusammen, was du
alles über die Ballade „Der Zauberlehrling"
von Johann Wolfgang Goethe erfahren hast:
• Was ist der Inhalt der Ballade?
• Wie verändert sich die Stimmung in der Ballade?
• Wie ist die Ballade aufgebaut?
Schreibe die Zusammenfassung in dein Heft.
Tipp: Verwende deine Ergebnisse aus den Aufgaben 6 bis 11.

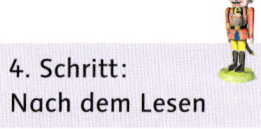

4. Schritt:
Nach dem Lesen

Bei Aufforderungen den Imperativ verwenden

Der alte Hexenmeister ist wütend und schimpft mit seinem Lehrling.

Zaubere nie wieder allein!
Beachte meine Anweisungen!
Denke immer daran!

1 Wozu fordert der Hexenmeister seinen Lehrling auf?
   a. Lies die Sätze.
   b. Schreibe die Sätze des Hexenmeisters ab.
   c. Markiere die Verben.

_____

_____

_____

Der Hexenmeister sagt das auch allen anderen Lehrlingen.

2 **a.** Setze die Verben vom Rand passend in die Lücken ein.
   b. Markiere die Endung der Verben im Imperativ.

| helfen → helft |

_____ niemals allein.   _____ immer an meine Worte.

_____ meine Anweisungen.   _____ die Zaubersprüche.

beachtet
denkt
lernt
zaubert

Manche Verben verändern sich im Imperativ.

3 Welche Formen gehören zusammen?
   a. Verbinde die zusammengehörigen Formen mit einer Linie.
   b. Schreibe die Verben im Infinitiv und im Imperativ zusammen auf.

sprechen	sieh!	sprecht!
geben	nimm!	messt!
sehen	hilf!	seht!
messen	sprich!	nehmt!
helfen	gib!	helft!
nehmen	miss!	gebt!

sprechen – sprich! – sprecht! _____

_____

_____

_____

Mit „kleinen" Wörtern Texte verknüpfen

Auf vielen Baustellen gibt es Bagger.
Auch zum Baggerfahren braucht man einen Führerschein.

Der Baggerführerschein

Baggerfahrer brauchen einen besonderen Führerschein.
Sie nehmen dafür an einer Ausbildung teil.
Auf einer Übungsbaustelle gibt es viel Training, zum Beispiel,
wie man die große Maschine bewegen kann. Das ist
5 auf den engen Grundstücken nicht leicht. Zum Lehrplan
gehören auch Sicherheitsbestimmungen. Diese werden
in einer schriftlichen Prüfung abgefragt.
Fast auf jeder Baustelle werden Baggerfahrer gebraucht.
Um die Baugrube für ein Einfamilienhaus auszuheben,
10 brauchen sie zwei Tage. Dabei stößt die Baggerschaufel
manchmal auf alte Wasserleitungen oder auf Reste früherer
Bauten.

1 Im Text sind einige „kleine" Wörter hervorgehoben.
Welche Wörter oder Wortgruppen werden
durch die „kleinen" Wörter ersetzt oder erklärt?
Markiere sie.

> **Merkwissen**
>
> „Kleine" Wörter im Text
> ersetzen oder erklären Wörter
> oder Wortgruppen genauer,
> die vorher stehen.

2 Schreibe die „kleinen" Wörter zusammen mit den Wörtern
und Wortgruppen auf, zu denen sie gehören.

sie – die Baggerfahrer, dafür – für einen besonderen _____

_____

_____

_____

_____

3 Welche „kleinen" Wörter passen in der folgenden Stellenausschreibung?
Ergänze die Lücken durch ein Wort aus der Liste.

> dazu
> diesen
> dorthin
> er

Wir suchen ab sofort einen zuverlässigen Baggerführer. _____

sollte bereits Berufserfahrung haben. _____ gehört auch das Führen

eines besonders großen Baggers. Wir setzen _____ auf unserer

Großbaustelle ein. Um _____ zu kommen, ist ein eigenes Auto von Vorteil.

Zu Texten schreiben

Eine Geschichte planen und schreiben

Zeitungsmeldungen können deine Fantasie anregen.
Hier kannst du eine Geschichte zu einer Zeitungsmeldung schreiben.

Baggerfahrer gräbt kleines Vermögen aus

Auf einem Grundstück der Bahnhofstraße hob ein Baggerfahrer
eine zwei Meter tiefe Baugrube aus, als plötzlich
an seiner Baggerschaufel ein merkwürdig aussehender Sack
hing. Darin fand der Fahrer eine Menge alter Geldscheine,
5 insgesamt 100.000 Mark[1]. Heute entspricht das einem Wert
von 51.000 Euro. Ein Sprecher der Polizei sagte,
dass die Polizei nun Ermittlungen einleiten werde,
um zu überprüfen, woher das Geld stammt.

1 Markiere wichtige Wörter der Zeitungsmeldung im Text und schreibe sie auf.

2 Welche Fragen hast du zu der Zeitungsmeldung? Schreibe sie auf.

Wer hat den Geldsack eingegraben? Stammt das Geld vielleicht von einem Raubüberfall?

Warum

3 Wie könnte das Geld unter die Erde gekommen sein? Und wann?
Erfinde eine Vorgeschichte. Schreibe hier deine Idee in zwei Sätzen auf.

---

[1] **die Mark:** Mit Mark bezahlten die Menschen in Deutschland von 1948 bis 2001.
Seit 2002 gibt es den Euro.

Schreibe nun eine Einleitung.

4 Beantworte die folgenden Fragen. Schreibe Stichworte.

Wer ist die Hauptperson? Wie heißt sie?

_____

Wo spielt die Geschichte?

_____

_____

Wann spielt die Geschichte?

_____

_____

5 Wähle einen dieser Anfänge für deine Geschichte aus. Markiere ihn.

Letzten Winter … Eines Tages … An einem sonnigen Tag … Vor langer Zeit …
Es begann, als …

6 Schreibe deine Einleitung in drei oder vier Sätzen auf.

_____

_____

_____

_____

_____

Im Hauptteil der Geschichte sollst du Spannung erzeugen.

7 Beantworte die Fragen in Stichworten.
Du kannst die Ideen vom Rand verwenden. Oder du verwendest eigene Ideen.

Was möchte die Hauptperson? Was **tut** sie?

| jemandem helfen |
| Geld brauchen |
| verstecken |
| Beute vergraben |
| Geld finden |
| eine Entführung |
| mit Geldübergabe |

_____

_____

_____

_____

Was passiert auf einmal?

> eine Polizeisirene ertönt
> etwas stürzt herab
> alles mucksmäuschenstill
> ein Knarzen kommt
>   von hinten
> jemand taucht plötzlich auf

Was denkt und fühlt die Hauptperson?

> freut sich
> erschreckt sich fast zu Tode
> konzentriert sich auf …
> fühlt sich überlegen
> hat Angst, geschnappt zu
>   werden

8 Schreibe nun den Hauptteil der Geschichte in dein Heft.
  • Baue Spannung auf: Erzähle ausführlich,
    ohne den Schluss zu verraten.
  • Verwende abwechslungsreiche Satzanfänge.
  • Verwende auch interessante Wörter und treffende
    Verben.
  • Beschreibe Personen, Ereignisse, Orte und
    Gefühle mit treffenden Adjektiven.
  • Verwende auch wörtliche Rede.

> Zuerst …
> Zu Beginn …
> Am Anfang …
> Nun …
> Auf einmal …
> Plötzlich …
> Danach …
> Anschließend …
> Da …

Zum Schluss musst du die Spannung auflösen.

9 Schreibe einen kurzen Schluss auf.

> Am Ende …
> Schließlich …
> Zu guter Letzt …
> In letzter Sekunde schaffen
>   sie es doch noch, …
> Das Geheimnis bleibt
>   versiegelt …
> Unverletzt machen sie sich
>   auf den Weg …
> Wie gut, dass er nie erfahren
>   wird, …

Z 10 Schreibe einen überleitenden Satz von deiner Geschichte
zu der Zeitungsmeldung. In dem Satz kannst du schreiben,
wie das Geld gestern von dem Baggerfahrer gefunden wurde.

11 Wie heißt deine Geschichte?
Schreibe deine Überschrift auf.

Prüfe, ob du deine Geschichte verbessern kannst.

12 **a.** Lies den Zeitungsartikel und deine Geschichte noch einmal:
- Passen deine Geschichte und die Angaben
  aus dem Zeitungsartikel zusammen?
- Liefert deine Geschichte eine Begründung,
  wie das Geld unter die Erde gekommen ist?
b. Überarbeite deine Geschichte, wenn nötig.

Mit einer Checkliste kannst du deine Geschichte noch weiter prüfen.

13 Überprüfe deine Geschichte mit Hilfe der Checkliste.

Checkliste: Eine Geschichte schreiben	ja	nein
Habe ich alle W-Fragen beantwortet?	☐	☐
Ist die Geschichte spannend und ausführlich erzählt?	☐	☐
Habe ich abwechslungsreiche Satzanfänge verwendet?	☐	☐
Habe ich wörtliche Rede eingebaut?	☐	☐
Verwende ich interessante Wörter und treffende Verben?	☐	☐
Beschreibe ich Personen, Ereignisse, Orte und Gefühle mit treffenden Adjektiven?	☐	☐

14 Schreibe deine überarbeitete Geschichte vollständig in dein Heft.

W 15 Schreibe eine weitere Geschichte zu der Zeitungsmeldung.
Du kannst aus diesen Möglichkeiten auswählen:
- Mit Hilfe des Geldes kann ein früherer Überfall aufgeklärt werden.
- Der Baggerfahrer schreibt in sein Tagebuch, was er erlebt hat.
- Der Baggerfahrer bekommt eine große Belohnung für den Fund.
- Das Geld liegt schon über 50 Jahre unter der Erde.
- …

Nomen großschreiben

Nomen mit -ung, -heit, -keit oder -nis

Anna erstellt ihr Profil bei einem Chatportal.

Ich heiße Anna und bin 13 Jahre alt.
Was ich mag: Ferien, meine Freundinnen, eine Einladung ins Kino
Was ich nicht mag: Klassenarbeiten, Linsensuppe
Worin ich gut bin: singen, tauchen, Pizza backen
5 Worin ich gar nicht gut bin: Pünktlichkeit
Meine schlechteste Eigenschaft: Faulheit
Mein schönstes Erlebnis: als ich meine Katze Sammy bekommen habe
Wovon ich träume: eine Flugreise

1 Wie heißt die Katze von Anna? Markiere den Namen.

2 Im Trainingstext findest du Nomen mit -ung, -heit, -keit und -nis.
  a. Markiere die Nomen mit -ung, -heit, -keit und -nis.
  b. Schreibe die Nomen mit ihren Artikeln in die Tabelle.

Nomen mit -ung	Nomen mit -heit	Nomen mit -keit	Nomen mit -nis

3 Welches Nomen gehört zu welchem Verb?
  a. Markiere die zusammengehörigen Wörter gleich.
  b. Schreibe sie zusammen auf. Markiere in den Nomen jeweils die Endung -ung.
  c. Schreibe die Nomen mit Artikeln in die Tabelle von Aufgabe 2.

drohen	die Begegnung	heizen	die Vorbereitung	retten
die Heizung	die Rettung	die Drohung	begegnen	vorbereiten

Mit -heit werden Adjektive zu Nomen.

4 Aus jedem der folgenden Adjektive wird mit der Endung **-heit** ein Nomen.
   a. Schreibe die Nomen auf. Markiere in den Nomen jeweils die Endung **-heit**.
   b. Schreibe die Nomen mit Artikeln in die Tabelle von Aufgabe 2.
      Tipp: Alle Nomen mit **-heit** haben den Artikel **die**.

schön			krank		
frei	+	-heit	klug	+	-heit
selten			dunkel		

---

5 **a.** Bilde aus den folgenden Adjektiven Nomen mit **-keit**.
   b. Bilde aus den folgenden Verben Nomen mit **-nis**.
   c. Schreibe alle Nomen mit ihren Artikeln auf. Markiere **-keit** und **-nis**.
      Tipp: Alle Nomen mit **-keit** haben den Artikel **die**. Alle Nomen mit **-nis**
      aus dieser Aufgabe haben den Artikel **das**.
   d. Schreibe die Nomen mit Artikeln in die Tabelle von Aufgabe 2.

Adjektive: sauber, übel, müde, tapfer, fähig, höflich   + -keit
Verben: hindern, ereignen, erleben, verhalten, begraben   + -nis

---

Ivo hat auch ein Profil beim Chatportal erstellt.

WAS ICH MAG: NUDELN, FREUNDLICHKEIT
WAS ICH NICHT MAG: KRANKHEIT
WORIN ICH GUT BIN: RECHTSCHREIBUNG, ZEICHNEN
WORIN ICH NICHT GUT BIN: ORDNUNG
MEIN SCHÖNSTES ERLEBNIS: MEIN SIEG IM TISCHTENNIS

6 **a.** Markiere alle Wörter mit **-ung**, **-heit**, **-keit** und **-nis**.
   b. Schreibe Ivos Chatprofil mit richtiger Groß- und Kleinschreibung auf.
      Tipp: Schreibe die Nomen und am Zeilenanfang groß.

Verben werden zu Nomen

Der Bademeister gibt folgende Tipps für Schwimmer:

Merkwissen

Aus **Verben** können **Nomen** werden. Der Artikel **das** macht's. Die starken Wörter **beim** und **zum** machen's auch.

1. Gehe nur zum Baden, wenn du dich wohlfühlst.
2. Direkt nach dem Essen solltest du nicht schwimmen gehen.
3. Das Duschen vor dem Schwimmen ist Pflicht.
4. Schwimmbrillen helfen beim Sehen unter Wasser und schützen die Augen.
5. Nimm beim Spielen im Wasser Rücksicht auf andere.
6. Das Springen vom Beckenrand ist verboten.

1 Wobei helfen Schwimmbrillen? Schreibe die Antwort aus dem Text ab.

2 Wo im Trainingstext findest du Verben, die zu Nomen geworden sind?
a. Markiere den Artikel **das** und die starken Wörter **beim** und **zum**.
b. Markiere die Verben, die zu Nomen geworden sind.
c. Schreibe die Nomen auf. Schreibe auch das jeweilige Verb dazu.

zum Baden – baden,

3 Auch die Verben in folgenden Sätzen können zu Nomen werden. Schreibe Regeln auf. Verwandle dazu die hervorgehobenen Verben in Nomen.

Starthilfe

Das Schwimmen im Bereich ...

Es ist verboten, im Bereich einer Sprunganlage zu schwimmen.

Auf den glatten Fliesen ist es gefährlich zu rennen.

Es ist wichtig, die Lautsprecherdurchsagen zu beachten.

Auf den Liegewiesen zu grillen ist verboten.

Adjektive werden zu Nomen

📖 Privatdetektiv – ein besonderer Beruf?

Privatdetektiv Jensen erzählt:

„Mein Job ist gar nicht so aufregend, wie viele denken. Ich erlebe meist nichts Geheimnisvolles. Bevor ich zu einer
5 Erkundigung aufbreche, kontrolliere ich, ob ich alles Wichtige dabei habe. Für meine Arbeit brauche ich nichts Besonderes. In der Regel reichen eine Kamera und mein Handy, das ich auch als Diktiergerät nutze. Außerdem packe ich etwas Warmes ein, falls es draußen kalt werden
10 sollte. Wenn ich etwas Merkwürdiges sehe, fotografiere ich es oder spreche es auf mein Diktiergerät. Am Ende übergebe ich alles Interessante meinem Auftraggeber. Der entscheidet dann, was er mit meinen Informationen anfängt."

1 Welche drei Dinge braucht Herr Jensen für seine Arbeit? Markiere die Antwort.

2 Wo im Trainingstext findest du Adjektive, die zu Nomen geworden sind?
   a. Markiere **alles**, **nichts** und **etwas**.
   b. Markiere auch die Adjektive, die zu Nomen geworden sind.
   c. Schreibe die Nomen auf. Schreibe auch das jeweilige Adjektiv dazu.

nichts Geheimnisvolles – geheimnisvoll, _____

_____

3 Was fand Detektiv Jensen bei seinem letzten Auftrag heraus?
Ergänze in jedem Satz ein Adjektiv oder ein Nomen, das ein Adjektiv war.
Tipp: Die Wörter **alles**, **nichts** und **etwas** helfen dir bei der Entscheidung.

~~anstrengend~~ – auffallend – falsch – froh – rüstig – sportlich – wichtig

Der letzte Auftrag von Detektiv Jensen war ___*anstrengend*___ . Er sollte

alles _____ über einen Rentner herausbekommen. Der alte Mann

war noch sehr _____ . Jeden Tag unternahm er etwas _____ .

Detektiv Jensen folgte ihm ins Schwimmbad und auf den Sportplatz.

Er radelte auch stundenlang hinter ihm her. Sonst gab es nichts _____

an dem Mann. Die Auftraggeberin sagte: „Ich bin _____ . Er hat

nichts _____ gesagt. Er trainiert wirklich für das Sportabzeichen."

😊 → Das kann ich! Seite 83

Die Trainingseinheiten

Wörter mit mm, nn, ll, tt, ff, ss, tz und ck

Das olympische Feuer |

Vor 4000 Jahren ehrte man |
mit den Olympischen Spielen | die Götter. |
Die Griechen zündeten | ein großes Feuer
an, | indem sie Sonnenstrahlen | in einer Schale aus Metall bündelten. |
5 Mit der Hitze | entfachten sie die Flamme. | Solange das Feuer
brannte, | waren Kriege verboten. | Daran soll das olympische Feuer |
heute erinnern. | Es wird immer noch | in Griechenland angesteckt |
und von Fackelträgern | bis zum Austragungsort gebracht. | Wenn sie
dafür | in ein Flugzeug | steigen müssen, | wird die brennende Fackel |
10 zum Schutz | feuerfest eingepackt. | Zur Eröffnung wird das Feuer |
als Zeichen für den Frieden | im Olympiastadion entflammt. |

Merkwissen

Nach einem kurzen **Vokal** schreibst du meist **zwei Konsonanten**: *kommen, stecken, die Hitze.*

1 Im Trainingstext findest du einige Wörter mit **mm**, **nn**, **ll**, **tt**, **ff**, **ss**, **tz** und **ck**.
  a. Markiere die Wörter.
  b. Schreibe die Wörter in die Tabelle. Setze unter jeden kurzen Vokal einen Punkt.
  c. Markiere in jedem Wort **mm**, **nn**, **ll**, **tt**, **ff**, **ss**, **tz** und **ck**.

Wörter mit nn	Wörter mit tz und ck	Wörter mit ss, tt, ff	Wörter mit ll, mm
Sonnenstrahlen			das Metall

2 **a.** Verbinde immer drei zusammengehörende Wörter mit einer Linie.
  b. Schreibe die Wörter zusammen auf.

rennen	sie stellt	die Backstube
backen	sie rennt	die Stellfläche
sitzen	sie sitzt	das Rennrad
stellen	er backt	der Sitzplatz

3 Schreibe den Trainingstext „Das olympische Feuer" in dein Heft.

Verbformen mit dem Wechsel von ß zu ss

Nico berichtet über Möhren aus dem eigenen Garten.

Meine süßen Möhren |

Anfang April habe ich | die Samen im Garten ausgesät. | Die Pflanzen sind nicht | aus dem Boden geschossen. | Ich musste vier Wochen warten. | Dann habe ich die Pflänzchen | auseinandergesetzt, | damit
5 jede Möhre | genug Platz zum Wachsen hat. | Bei trockenem Wetter | habe ich gegossen. | Außerdem habe ich | häufig die Erde aufgelockert | und das Unkraut ausgerissen. | Im Herbst habe ich dann | das Ergebnis meiner Arbeit genossen | und in die erste Möhre gebissen. | Sie schmeckte mir besonders gut! |

Die Tipps für die Möhrenzucht bekam Nico von seinem Opa:

- die Pflanzen schießen aus dem Boden →
  dann Pflanzen auseinandersetzen
- bei trockenem Wetter gießen
- das Unkraut ausreißen
- im Herbst: das Ergebnis genießen
  und in die erste Möhre beißen

1 a. Markiere im Trainingstext und auf dem Zettel alle Verben mit β und ss.
   b. Immer zwei Verben gehören zusammen. Schreibe sie zusammen auf.
   c. Markiere in jedem Verb β oder ss. Setze unter jeden kurzen Vokal einen Punkt.

2 Immer drei Verbformen gehören zusammen.
   a. Verbinde die Wörter mit einer Linie.
   b. Schreibe die Wörter zusammen auf.

schließen	sie riss	gesprossen	er spross
fließen	gerissen	sprießen	geschlossen
er schloss	geflossen	reißen	es floss

3 Schreibe den Trainingstext in dein Heft. Markiere alle Verben mit β oder ss.

Verbformen mit dem Wechsel von ss zu ß

Ein Riese im Garten

Yannik möchte Kürbisse ernten. | Im Mai steckt er Samenkörner | in den großen Komposthaufen. | Schon nach wenigen Tagen | sind

5 die Pflänzchen zu sehen. | Yannik deckt den Platz mit Stroh ab. | So wächst kaum Unkraut. | Nun kann er sie fast | sich selbst überlassen. | Zum Glück gibt es hier nur wenige Schnecken. | Sie fressen nämlich | gern Kürbisblüten. | Das sollte man wissen. | Kürbisse brauchen nicht viel Wasser. | Da kann Yannik schon

10 mal | das Gießen vergessen. | Im Herbst sind die Kürbisse reif. | Yannik möchte nicht alle essen. | Einen Kürbis höhlt er aus | und verwandelt ihn | in eine unheimliche Fratze. |

> **Merkwissen**
>
> In manchen **Verbformen** steht ein **ss** nach einem **kurzen Vokal**.
> Ändert sich der Vokal bei einer Verbform in einen **langen Vokal** oder einen **Zwielaut**, schreibst du **ß**.

1 Was fressen Schnecken gern? Markiere die Antwort im Text.

2 Im Trainigstext findest du einige Verben mit **ss**.
  a. Markiere die Verben mit **ss**.
  b. Schreibe sie auf. Setze unter jeden kurzen Vokal einen Punkt.
  c. Markiere in jedem Verb **ss**.

3 Welche Verbformen passen zu den Verben aus Aufgabe 2?
  Ergänze zu den Verben je zwei dazugehörige Verbformen.
  Tipp: Bei einigen Verbformen findet ein Wechsel von **ss** zu **ß** statt.

~~er aß~~, er fraß, sie vergaß, ~~gegessen~~, ~~sie überließ~~, sie vergisst,
~~sie weiß~~, er frisst, er überlässt, gefressen, gewusst

essen	*er aß, gegessen,*
vergessen	
wissen	*sie weiß,*
fressen	
vergessen	
überlassen	*sie überließ,*

4 Schreibe den Trainingstext „Ein Riese im Garten" in dein Heft.
  Markiere alle Verben mit **ss** oder **ß**.

Adjektive auf -ig, -lich und -isch

Streitschlichter |

Ayhan erzählt: | „Ich wurde in der Schule | zum Streitschlichter ausgebildet. | Es geht bei den Streitereien | oft sehr laut zu. | Manchmal finde ich die Streithähne | auch recht kindisch. | Und ich muss immer ruhig | und freundlich bleiben. | Aber es klappt echt gut. |
₅ Zuerst versuche ich immer, | vorsichtig zu klären, | worum es in dem Streit geht. | Oft muss ich alle | kritisch ermahnen. |
Gemeinsam treffen wir | eine Vereinbarung für die Zukunft." |

1 Im Trainingstext findest du Adjektive mit **-ig**, **-lich** oder **-isch**.
    a. Markiere im Text die Adjektive.
    b. Schreibe die Adjektive geordnet in die Tabelle.

Adjektive mit -ig	Adjektive mit -lich	Adjektive mit -isch

2 **a.** Bilde Adjektive mit **-ig** aus diesen Nomen.
    b. Schreibe die Adjektive in die Tabelle von Aufgabe 2.

die Ecke ➔ _____   die Sonne ➔ _____

der Witz ➔ _____   die Lust ➔ _____

3 **a.** Bilde Adjektive mit **-lich** aus diesen Nomen.
    b. Schreibe die Adjektive in die Tabelle von Aufgabe 2.

der Mund ➔ _____   der Ärger ➔ _____

die Gefahr ➔ _____   das Herz ➔ _____

4 **a.** Welche Adjektive mit **-isch** kannst du aus diesen Nomen bilden? Schreibe sie auf.
    b. Schreibe die Adjektive in die Tabelle von Aufgabe 2.
    Tipp: Manchmal fällt ein Buchstabe weg:
    die Laune – launisch.

der Sturm ➔ _____   das Telefon ➔ _____

der Künstler ➔ _____   das Tier ➔ _____

Adjektive auf -sam, -los und -(l)ig

Streitschlichter in Aktion |

Filiz und Mara betreten schimpfend | den Streitschlichter-Raum. | „Immer langsam!", | beruhigt Ayhan sie. | „Es ist doch völlig zwecklos, | sich gegenseitig anzubrüllen. | Lasst uns das gemeinsam klären." | Filiz erzählt freiwillig | zuerst
5 von ihrem Streit. | Danach berichtet Mara. | Ayhan hört ihnen aufmerksam zu. | Dann macht er einen Vorschlag, | den beide annehmen können. | „Das lief ja problemlos", | meint Ayhan zufrieden. | „Wenn das doch immer | so leicht wäre! | Streitschlichter zu sein, | wird jedenfalls nie langweilig!" |

1 Wer erzählt zuerst vom Streit? Markiere die Antwort im Text.

2 Im Trainingstext findest du einige Adjektive mit **-sam**, **-los** und **-(l)ig**.
    a. Markiere im Text die Adjektive mit **-sam**, **-los** und **-(l)ig**.
    b. Schreibe die Adjektive geordnet in die Tabelle.

Adjektive mit -sam	Adjektive mit -los	Adjektive mit -(l)ig

3 Schreibe mit diesen Adjektiven mit **-(l)ig** Wortgruppen auf.

völlig + die Dunkelheit ➜ *die völlige Dunkelheit* _____

freiwillig + die Teilnahme ➜ _____

langweilig + der Film ➜ _____

billig + die Hose ➜ _____

zufällig + die Begegnung ➜ _____

4 Welche Erklärungen passen zu diesen Adjektiven mit **-los**? Schreibe sie auf.

kommentarlos ➜ *ohne einen Kommentar* _____

problemlos ➜ *ohne* _____

mutlos ➜ _____

atemlos ➜ _____

5 Schreibe den Trainingstext „Streitschlichter in Aktion" in dein Heft. Markiere alle Adjektive mit **-sam**, **-los** und **-(l)ig**.

Merkwörter mit i

Ist dir schon einmal | Raps begegnet? |

Im Mai können wir | auf dem Land fast überall | gelbe Rapsfelder bewundern. | Raps ist eine wirtschaftlich bedeutende Pflanze, | denn aus seinen Samenkörnern | kann man Rapsöl gewinnen. | Aus drei Kilo Rapssaat | wird etwa ein Liter Rapsöl
5 gepresst. | Die Reste ergeben | einen festen Rapskuchen, | der ein wichtiges Futtermittel | für Nutztiere ist. | Vor allem kalt gepresstes Rapsöl | hat viele Vitamine. | Aus dem Rapsöl werden auch | Margarine und andere Backfette hergestellt. | Das heiß gepresste Rapsöl | nutzt man außerdem | zum Einfetten von Maschinen. |
10 Raps wird auch zur Herstellung | von Kraftstoff verwendet. | Es kann normales Benzin ersetzen.

1 Im Trainingstext findest du Wörter mit langem **i**, die mit **i** geschrieben werden.
a. Markiere die Wörter.
b. Schreibe sie auf. Schreibe bei Nomen den Artikel dazu.
c. Markiere in jedem Wort das lang gesprochene **i**.

2 Auch das Wort **wider** schreibst du mit **i**, wenn es die Bedeutung von **gegen** hat.
Hier findest du zusammengesetzte Wörter mit **wider** und ihre Bedeutungen.

der Widerstand	etwas dagegen sagen
widersprechen	ungern
widerstehen	antworten
widerwillig	einem Wunsch nicht nachgeben
erwidern	die Abwehrhaltung

a. Verbinde jeweils ein Wort mit seiner Bedeutung.
b. Schreibe die Wörter und ihre Bedeutungen auf.
c. Markiere in den zusammengesetzten Wörtern mit **wider** jeweils das lange **i**.

3 Schreibe den Trainingstext „Ist dir schon einmal Raps begegnet?" in dein Heft.

Die Tageszeiten

Urgroßmutter Else erzählt |

„Ich stand morgens | sehr früh auf, | um Frühstück |
für meine Geschwister | zu machen. | Damit ich vormittags |
die Schule besuchen konnte, | musste ich viele Kilometer |
zu Fuß zurücklegen. | Wenn ich mittags | nach Hause kam, |
5 kochte ich das Essen, | denn meine Mutter | arbeitete
auf dem Feld. | Dort musste ich ihr | auch nachmittags helfen. |
Die schönste Zeit | war für mich abends: | Da erzählte meine
Mutter | Geschichten von früher. | Aber nachts lag ich oft wach |
und träumte davon, | etwas Zeit für mich selbst zu haben." |

1 Wovon träumte Else? Schreibe den Satz ab.

_____

2 Im Text findest du sechs Tageszeiten.
   a. Markiere die Tageszeiten.
   b. Schreibe sie auf.

_____

_____

3 Was macht Elses Urenkelin Elena morgens, mittags … ?
Ergänze in den Lücken passende Tageszeiten aus der Aufgabe 2.

Elena steht _____ um halb sieben auf. Wenn sie _____ mal

länger aufgeblieben ist, fällt ihr das Aufstehen ganz schön schwer.

_____ nach der Schule holt sie ihren Bruder aus dem Kindergarten ab.

_____ hat sie manchmal Besuch von einer Freundin.

4 Was machst du morgens, mittags, abends …?
Schreibe eigene Sätze auf. Verwende dabei die Tageszeiten aus Aufgabe 2.

_____

_____

_____

5 Schreibe den Trainingstext „Urgroßmutter Else erzählt" in dein Heft.

Fremdwörter auf -tion und -ieren

Merkwissen

Viele Fremdwörter haben die Endung **-tion** oder **-ieren**.

Eine Zeitung entsteht |

Jeden Morgen trifft sich | die Redaktion der Zeitung | zu einer Sitzung. |
Hier werden die Themen | für die nächste Zeitungsausgabe
festgelegt. | Heute soll es auch einen Bericht | über eine Aktion |
des Tierschutzvereins geben. | Am Vormittag machen sich
5 ein Reporter | und eine Fotografin | auf den Weg | zu der Organisation |
für Tierschutz. | Der Reporter notiert | wichtige Informationen, |
und die Fotografin macht Fotos. | Im Büro schreibt | der Reporter dann
seinen Artikel | und wählt | ein passendes Foto aus. | Wenn
alle Berichte | fertiggestellt sind, | werden die Zeitungsseiten |
10 am Computer zusammengesetzt. | Dann wird die Zeitung gedruckt. |

1 Was notiert sich der Reporter? Schreibe den Satz ab.

2 Im Text findest du vier Fremdwörter mit der Endung **-tion**.
   a. Markiere sie.
   b. Wenn du die Bedeutung nicht kennst, schlage sie nach.
   c. Schreibe die Fremdwörter mit Artikel auf.

3 Zu jedem dieser Fremdwörter auf **-tion** gehört ein Verb auf **-ieren**:

die Organisation	agieren
die Funktion	informieren
die Aktion	gratulieren
die Gratulation	funktionieren
die Information	organisieren

   a. Verbinde die zusammengehörenden Nomen und Verben.
   b. Wenn du die Bedeutung nicht kennst, schlage sie nach.
   c. Schreibe die Wörter zusammen auf.

Z 4 Schreibe zu jedem Nomen oder Verb aus Aufgabe 3 einen Satz auf.

5 Schreibe den Trainingstext „Eine Zeitung entsteht" in dein Heft.

Fremdwörter auf -ie und -ist

Die Geschichte der Raumfahrt |

Seit Jahrtausenden | beobachten Menschen | das Weltall. |
Die Astronomie | ist eine der ältesten Wissenschaften. |
Der Traum von Reisen | in eine fremde Galaxie | beflügelt die Fantasie |
der Menschen. | Das erste Lebewesen im Weltall | war im Jahr 1957 |
5 die Hündin Laika. | 1961 umkreiste | Juri Gagarin | als erster Mensch
die Erde. | 1969 landeten zum ersten Mal | Menschen auf dem Mond. |
Das Militär und die Industrie | nutzten die Raumfahrt | für ihre
Zwecke. | Heute forscht man | nach Möglichkeiten, | um neue
Energie oder Rohstoffe | aus dem Weltraum | zu gewinnen. |
10 Wann regelmäßig Touristen[1] | ins All gebracht werden, | steht noch
nicht fest. | Aber viele träumen bereits | von einem Weltraumhotel. |

1 Was ereignete sich 1969? Markiere die Antwort im Text.

2 Im Text findest du Fremdwörter mit der Endung -ie oder mit der Endung -ist.
   a. Markiere die Fremdwörter mit -ie oder -ist.
   b. Wenn du die Bedeutung nicht kennst, schlage sie nach.
   c. Schreibe die Fremdwörter mit ihren Artikeln auf.

3 Welche Bedeutung ist richtig?
   a. Lies die Fremdwörter mit -ie und -ist.
   b. Ordne den Fremdwörtern die passende Bedeutung zu. Verbinde sie.
   c. Sortiere die Fremdwörter nach dem Alphabet und schreibe sie auf.

der Egoist	die Lehre von der belebten Natur
die Ironie	die Übereinstimmung, der Einklang
der Artist	feiner Spott
die Biologie	ein Mensch, der nur an sich denkt
der Gitarrist	jemand, der mit seinem Körper Kunststücke macht
die Harmonie	ein Musiker, der Gitarre spielt

4 Schreibe den Trainingstext „Die Geschichte der Raumfahrt" in dein Heft.

[1] der Tourist – die Touristen

Getrenntschreibung

Wortgruppen mit sein

WIR DREHEN EINEN KRIMI ◁ ◁ ◁

Willst du dabei sein?
Du solltest offen sein und Spaß am Theaterspielen haben!
Beim Drehen werden wir nicht allein sein: Der Offene Kanal unterstützt uns mit seiner Technik.
Beim Schneiden und Nachbearbeiten des Films werden wir mit den Schülern der achten Klassen zusammen sein.
Sie haben das im letzten Jahr schon gemacht und können es uns zeigen. Wenn du Lust hast, müsstest du am Montag um drei Uhr hier sein. Wir freuen uns auf dich!

Die Theater-AG

1 Wobei wird die Theater-AG nicht allein sein? Schreibe die Antwort ab.

_____

2 Welche fünf Wortgruppen mit **sein** findest du im Text?
   a. Markiere die Wortgruppen mit **sein**.
   b. Schreibe sie auf.

_____

_____

3 Ergänze in den Lücken diese Wortgruppen mit **sein**:

zusammen sein, spannend sein, dort sein, kaputt sein, fertig sein

Auf den neuen Film freue ich mich. Zita sagt, er soll _____.

Hast du deine Aufgaben noch nicht beendet? Du solltest längst damit

_____ !

Liza findet Tim total süß. Sie würde gern mit ihm _____.

Ich habe ab drei Uhr Zeit, dann werde ich _____.

Diese DVD ist zerkratzt. Sie könnte _____.

Z **4** Schreibe eigene Sätze mit diesen Wortgruppen in dein Heft.

vorbei sein, da sein, aus sein

5 Schreibe den Trainingstext in dein Heft. Markiere die Wortgruppen mit **sein**.

Die Arbeitstechniken

Wörter ableiten: ä – a, äu – au

Traumberufe |

Sina unterhält sich | mit einem Berufsberater. | Er fragt sie |
nach ihren Wünschen | für die Zukunft. | Zögernd
antwortet Sina: | „Manchmal träume ich davon, | Verkäuferin
in einem Modeladen | zu werden. | Aber ich würde | auch gern
5 mit Blumen arbeiten, | zum Beispiel | Sträuße binden oder so." |
Der Berufsberater lächelt. | „Bei so unterschiedlichen Ideen |
sollte man einfach | ein Praktikum | in beiden Berufen machen. |
Häufig fällt einem dann | die Entscheidung leichter. | Ich schreibe
dir hier | die Telefonnummern | von einem Modeladen |
10 und von einer Gärtnerei auf." | Äußerst zufrieden verlässt Sina |
das Gebäude. |

1 Im Text findest du Wörter mit **ä** und mit **äu**.
  a. Markiere die Wörter mit **ä** und mit **äu**.
  b. Schreibe sie auf.
  c. Finde ein verwandtes Wort mit **a** oder **au** und
  schreibe es daneben.
  d. Markiere in jedem Wort **ä** oder **äu** und **a** oder **au**.

  sie unterhält sich – unterhalten, ich träume – der Traum,

2 Von welchen Wörtern kannst du die folgenden Wörter ableiten?
  a. Schreibe neben jedes Wort ein verwandtes Wort mit **a** oder **au**.
  b. Schreibe das Wort mit **ä** oder **äu** noch einmal auf die Linie ganz rechts.

zählen	kommt von	Zahl	, also	ä	:	zählen
die Nähe	kommt von		, also		:	
aufräumen	kommt von		, also		:	
läuten	kommt von		, also		:	

3 Schreibe den Trainingstext „Traumberufe" in dein Heft.
  Markiere die Wörter mit **ä** oder **äu**.

Wörter verlängern

Der Wolfsjunge |

Im Jahr 1797 | wurde in einem Wald | in Frankreich | ein Junge beobachtet, | der vollkommen wild | zu sein schien: | Er war nackt, | konnte nicht sprechen | und ernährte sich von Eicheln. | Außerdem schlief er | den Tag über. | Jäger nahmen | das Kind
5 gefangen | und übergaben es | einem Arzt. | Dieser Arzt nannte den Jungen Victor. | Er begann, | Victor streng zu unterrichten. | Er hatte aber wenig Erfolg. | Victor kam dann | zu einer älteren Frau, | die den Jungen | lieb gewonnen hatte. | Im Alter von ungefähr 40 Jahren | starb Victor. | Kinder, die fern | von
10 Menschen aufwachsen, | nennt man Wolfskinder. | Man glaubt, | dass sie von Wölfen | großgezogen werden, | so ähnlich | wie der Junge aus dem Dschungelbuch. |

1 Wann schlief Victor?
Markiere im Text die Antwort.

2 Im Text sind einige Wörter mit **b**, **d** oder **g** am Wortende hervorgehoben.
    a. Schreibe die Nomen im Singular und im Plural auf.
    b. Schreibe die Verben mit Personalpronomen und in der Grundform auf.
    c. Schreibe die Adjektive in der Grundform und in einer Steigerungsform.
    d. Markiere in jedem Wort das **b**, **d** oder **g**.

> ### Merkwissen
> Oft hörst du am Ende eines Wortes **p**, **t** oder **k**, musst aber **b**, **d** oder **g** schreiben. Du kannst das Wort verlängern. Dann hörst du den Endbuchstaben:
> *der Die**b** – die Die**b**e,*
> *gesun**d** – gesün**d**er.*

Nomen: der Wald – die Wälder,

3 **a.** Verlängere auch diese Wörter.
    b. Schreibe das verlängerte Wort auf.

klug ➔ _____

gesund ➔ _____

halb ➔ _____

das Rad ➔ _____

der Mittag ➔ _____

das Feld ➔ _____

er lag ➔ _____

sie glaubt ➔ _____

4 **a.** Schreibe den Trainingstext „Der Wolfsjunge" in dein Heft.
    b. Markiere die Wörter mit **b**, **d** oder **g** am Wortende.

➔ Das kann ich! Seite 84

Wörter und Wortfamilien mit h

Neu an der Schule |

In den Sommerferien | ist Bilals Familie | in eine neue Stadt gezogen. | Das neue Schuljahr | beginnt er an der Luisen-Schule. | Am ersten Schultag | betritt er etwas ängstlich | die neue Klasse. | Während der Pause | fühlt er sich sehr einsam. | 5 Da kommt ein Mädchen | zu ihm. | „Hallo, ich bin Nesrin. | Ist es wahr, | dass du umgezogen bist?", | fragt es ihn. | Bilal nickt. | „Da vermisst du wohl | deine Freunde, oder?", | vermutet Nesrin. | „Wir können ja mal | etwas unternehmen", | schlägt sie vor. | „Ich bin selbst erst | vor ein paar Wochen | 10 mit meiner Familie | hierhergezogen." | Bilal ist erleichtert. |

1 Im Trainingstext sind Wörter mit **h** hervorgehoben.
   a. Schreibe sie auf.
   b. Markiere in jedem Wort das **h** und den langen Vokal.

> **Merkwissen**
>
> In manchen Wörtern steht nach einem langem Vokal oder Umlaut ein **h**. Diese Wörter musst du dir **merken**: Es sind Merkwörter. Das **h** steht in allen Wörtern der **Wortfamilie**:
> *fahren – die Fahrt – er fährt.*

2 Immer drei Wörter gehören zusammen.
   a. Verbinde die Wörter mit einer Linie.
   b. Schreibe die Wörter zusammen auf. Markiere in jedem Wort das **h**.

unternehmen	das Gefühl	die Wahrheit
wahr	wahrscheinlich	der Fühler
fühlen	wegnehmen	die Unternehmung

3 Die folgenden Wörter mit **h** gehören zu drei Wortfamilien.
Schreibe die Wörter zusammen auf. Markiere in jedem Wort das **h**.

bezahlen, die Wahl, nehmen, wählen, abzählen, sie nahm, der Zähler, wählerisch, die Zunahme

4 Schreibe den Trainingstext „Neu an der Schule" in dein Heft.

Zeichensetzung

Komma bei dass, weil, obwohl

Soziale Netzwerke

Die Klasse 7a spricht im Deutschunterricht über soziale
Netzwerke. Kolja findet, dass soziale Netzwerke eine gute
Sache sind. Nadia ist Mitglied in einem Netzwerk, weil ihre
Freunde es auch sind. Keira ist dort auch angemeldet, obwohl
5 ihre Eltern dagegen sind. Boris glaubt, dass durch das Chatten
im Internet neue Freundschaften entstehen.
Milo hat sein Profil gelöscht weil ihm ein anderes Netzwerk
besser gefällt. Nachmittags chattet Janja obwohl sie ihre
Freunde schon vormittags gesehen hat. Tarik findet gut dass
10 man in den Profilen von anderen viel über sie erfahren kann.

1 Warum ist Nadia Mitglied in einem sozialen Netzwerk?
Markiere die Antwort im Text.

2 Im Text findest du Sätze mit **dass**, **weil** und **obwohl**.
   a. Markiere in jedem Satz **dass**, **weil** oder **obwohl**.
   b. Markiere im ersten Absatz jeweils die Kommas.
   c. Im zweiten Absatz fehlen die Kommas. Setze sie.

3 Schreibe den Trainingstext „Soziale Netzwerke" in dein Heft.
Setze dabei alle Kommas.

Merkwissen

Die Konjunktionen **dass**,
weil und **obwohl** leiten
Nebensätze ein. Du
trennst sie vom Hauptsatz
durch ein Komma ab.
▭▭▭, dass ▭▭▭.
▭▭▭, weil ▭▭.
▭▭▭, obwohl ▭▭.

Welche Erfahrungen hast du mit sozialen Netzwerken gemacht?

W 4 Schreibe Sätze in dein Heft.
   • Du kannst die Satzschalttafel verwenden.
   • Du kannst aber auch eigene Sätze schreiben.
   Tipp: Achte auf das Komma.

Ich befürchte, Gar nicht gefällt mir,	dass	das Internet nicht sicher ist. alle meine Fotos sehen können.
Zu meiner Party sind nur wenige gekommen, Meine Freundin chattet den ganzen Tag,	obwohl weil	ich alle meine 150 Freunde eingeladen habe. sie Angst hat, etwas zu verpassen.
Obwohl Weil	viele Freunde Probleme hatten, meine Eltern immer genau nachfragen,	nehme ich das Ganze nicht so ernst. kann mir nichts passieren.

Komma in Relativsätzen

Mit Profil

Kommas fehlen!

User nennt man einen Menschen, der Mitglied in einem sozialen Netzwerk ist. Jeder User gestaltet für sich eine Seite, die er ins Netz stellt. Man
5 erstellt ein Profil, das möglichst viel über einen aussagt. Es gibt mehrere soziale Netzwerke, die für Schüler kostenlos sind.

Ayla erzählt von ihrem Netzwerk:
10 „Ich kann jedem User schreiben der mich interessiert. Auf meiner Seite gibt es eine Pinnwand die Veröffentlichungen von anderen enthält. Ich habe ein Profilbild das nicht zu persönlich ist. Mein Netzwerk besteht aus Seiten die von den Usern gestaltet werden."

1 Was ist ein User? Markiere die Antwort im Text.

2 Im Trainingstext findest du viele Relativpronomen.
  a. Markiere in jedem Satz das Relativpronomen der, das, die oder die.
  b. Markiere im ersten Absatz jeweils die Kommas.
  c. Im zweiten Absatz fehlen die Kommas. Setze sie.

3 Schreibe den Trainingstext „Mit Profil" in dein Heft. Setze dabei alle Kommas.

4 In diesen Sätzen sind die Relativsätze vertauscht worden.
  a. Ordne die Relativsätze den richtigen Hauptsätzen zu.
  b. Schreibe die neuen Sätze auf.
  c. Markiere die Kommas.

> **Merkwissen**
>
> **Relativpronomen** wie der, das, die oder die leiten Nebensätze ein. Du trennst sie vom Hauptsatz durch ein **Komma** ab:
> *Ich habe einen Freund, der in keinem Netzwerk ist.*

> Die Regeln schützen dich.
> Die Nachfragen verlangen persönliche Angaben.
> Das Foto blamiert dich nicht.
> Die Informationen sind persönlich.

Gib niemandem Informationen,	die dich schützen.
In jedem sozialen Netzwerk gibt es Regeln,	die persönlich sind.
Sei misstrauisch bei Nachfragen,	das dich nicht blamiert.
Verwende nur ein Foto,	die persönliche Angaben von dir verlangen.

Satzzeichen bei wörtlicher Rede

Mika

Noah

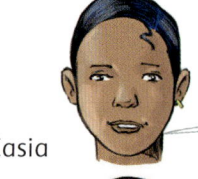

Kasia

Nico

Heute diskutiert Yasemins Klasse über Nutzen und Gefahren sozialer Netzwerke.

Yasemin sagt: „Ich finde mein Netzwerk gut, weil ich dort nachmittags meine Freunde treffe."

> Wäre es nicht schöner, die Freunde persönlich zu treffen?

> Im Internet lernen schüchterne Menschen leichter neue Leute kennen.

> Dann hätte ich Angst, dort von Fremden belästigt zu werden!

> Du musst darauf achten, welche Informationen du von dir preisgibst.

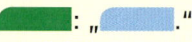

Merkwissen

Wörtliche Rede markierst du mit Anführungszeichen. Achte auf die Satzzeichen. Der Begleitsatz steht vorn:
Sina sagt: „Ich finde soziale Netzwerke sinnvoll."

███ : „█████."

Der Begleitsatz steht hinten:
„Ich finde soziale Netzwerke sinnvoll", sagt Sina.

„█████", ███.

---

1 Wer trifft im Netzwerk seine Freunde? Markiere die Antwort im Text.

2 Was sagen Mika, Noah, Kasia und Nico?
  a. Schreibe die Sätze als wörtliche Rede auf.
  b. Setze Anführungszeichen, Kommas und Doppelpunkte.

Mika findet: *„Wäre es nicht* _____

_____

_____ sagt Noah.

Kasia entgegnet _____

_____

_____ rät Nico.

3 Im folgenden Text fehlen Doppelpunkte, Anführungszeichen und Kommas bei der wörtlichen Rede.
  a. Setze im Text die fehlenden Zeichen ein.
  b. Schreibe den Text in dein Heft.

Merkwissen

Der Begleitsatz kann auch in der Mitte stehen.
„Soziale Netzwerke", sagt Sina, „sind sinnvoll."

„█████", ███, „█████".

„Das größte Problem an Netzwerken", sagt Laura, „ist das Mobbing!"
Ja sagt Caro ich hätte Angst davor, im Internet beleidigt zu werden.
Ich wüsste gar nicht überlegt Tim was ich in so einem Fall tun sollte.
Ich denke rät Amed man sollte sich einem Erwachsenen anvertrauen.

Satzzeichen fehlen!

 → Das kann ich! Seite 85

Wortarten wiederholen

Possessivpronomen verwenden

Die Klasse 7c ist auf Klassenfahrt. Einige waren gestern im Konzert.

Maya: „Unser Abend war super. Die Band war umwerfend. Ihre gute Laune ist einfach ansteckend."

Lejla: „Ja, vor allem der Sänger war toll. Seine Stimme ist genial."

Rebecca: „Mein Bruder behauptet, seine Band sei die beste."

5 Lejla: „Da übertreibt dein Bruder ein bisschen. Ihr Auftritt beim Schulfest war gut, aber sein Gesang ist noch nicht perfekt."

Rebecca grinst: „Dafür war euer Gekreische aber ganz schön laut, als er auf die Bühne kam."

1 a. Finde alle Possessivpronomen im Text. Markiere sie.
  b. Schreibe sie mit den dazugehörigen Nomen auf.
    Tipp: Possessivpronomen schreibst du klein.

unser Abend, ihre

> **Merkwissen**
>
> Wörter wie *mein, dein, sein, ihr, unser, euer, ihr* geben an, wem etwas gehört.
> Es sind **Possessivpronomen**.

Possessivpronomen können Artikel ersetzen.

2 Janik schreibt seinem Freund von der Klassenfahrt.
  a. Ersetze die Artikel durch Possessivpronomen.
    Tipp: Es gibt mehrere Möglichkeiten.
  b. Schreibe den überarbeiteten Text in dein Heft.

ich – mein / mein / meine
du – dein / dein / deine
er – sein / sein / seine
es – sein / sein / seine
sie – ihr / ihr / ihre
wir – unser / unser / unsere
ihr – euer / euer / eure
sie – ihr / ihr / ihre

Hallo Alex, jetzt ist **die** (_____) Zeit hier schon fast vorbei.

Der (_____) Klassenlehrer ist ziemlich nett. Gestern haben wir

einen Filmabend gemacht. Nick hatte **die** (_____) Filme dabei.

Heute morgen dachte Luisa, sie hätte **das** (_____) Handy verloren.

Zum Glück hatte es aber nur **ein** (_____) Freund eingepackt.

Vielen Dank noch mal für **die** (_____) Taschenlampe.

Ich freue mich auf **ein** (_____) Wiedersehen. Dein Janik

Am nächsten Tag reist die Klasse 7c ab. Alle müssen ihre Koffer packen.

Ich habe deinen Fotoapparat gefunden.

Sucht Leyla ihren Ohrring?

Ich kann meine Sonnenbrille nicht finden.

Sind das eure Handtücher?

Schieb mal seinen Koffer beiseite!

Hast du unsere Gummistiefel gesehen?

3 a. Markiere die Possessivpronomen und die dazugehörigen Nomen in den Sprechblasen.
 b. Schreibe die Sätze in dein Heft.

4 a. Frage mit **Wen oder was?** nach den Wortgruppen mit Possessivpronomen.
 b. Schreibe die Fragen und Antworten in dein Heft.
 c. Markiere die Endungen der Possessivpronomen.

5 Wen fragst du, wenn du beim Packen Hilfe brauchst?
Schreibe sechs Sätze auf.

Ich frage meinen Freund, ob er helfen kann. Oder ich frage

6 Wem kann man von der Klassenfahrt schreiben?
 a. Schreibe vier Sätze in dein Heft.
   • Du kannst die Satzschalttafel verwenden.
   • Du kannst auch eigene Sätze schreiben.
 b. Markiere die Endungen der Possessivpronomen.

> **Merkwissen**
> Wenn du **Wen oder was?** fragen kannst, können sich die **Endungen verändern**.
> *Mein Schal ist weg. –*
> *Ich finde meinen Schal nicht.*

> **Starthilfe**
> Wen oder was kann ich nicht finden? Meine Sonnenbrille.

> die Freundin, der Bruder, die Schwester, der Vater, die Mutter, der Cousin, die Cousine, der Onkel, die Tante

> **Merkwissen**
> Wenn du **Wem?** fragen kannst, **ändern** sich die **Endungen** der Possessivpronomen.
> *Mein Freund hat Geburtstag. –*
> *Ich schreibe meinem Freund.*

Ich	schreibe	meiner / ihrer / seiner / unsere		Freund	eine SMS.
Pia	schreibt			Vater	eine E-Mail.
Kjell		ihrem / seinem / unserem		Mutter	eine Postkarte.
Wir	schreiben			Oma	einen Brief.

Adjektive verwenden

Jantho und Frida spielen ein Spiel:
Wem fallen zuerst Dinge ein,
die man für eine Fernreise brauchen kann?

 groß
 neu
 weit
 fest   klein

1 Jantho gewinnt.
   a. Sieh dir das Bild an.
   b. Schreibe Janthos Einfälle auf.
   c. Markiere die Endungen der unbestimmten Artikel und
   die Endungen der Adjektive.

eine große Sonnenbrille,
_____

_____

> das Hemd
> der Reisepass
> die Schuhe
> die Sonnenbrille
> die Taschenlampe

> **Nominativ:**
> ein roter Schal
> ein tolles Buch
> eine gelbe Lampe
> geringelte Socken

Nun liest Frida einen Text vor und Jantho muss raten,
wohin ihre Reise geht.

Ich lege eine warme Hose und einen dicken Anorak in den Koffer.
Danach packe ich ein neues Unterhemd, einen warmen Schlafsack und
eine lange Unterhose ein. Ich lege einen bunten Schal, eine neue Schneebrille und
wasserdichte Handschuhe oben drauf. Und ich packe ein gutes Sonnenschutzmittel ein.

2 Wohin könnte Fridas Reise gehen? Schreibe deine Vermutung auf.

_____

3 **a.** Markiere in Fridas Text alles, was Frida einpackt.
   b. Schreibe die Wortgruppen mit einen / ein / eine
   geordnet in die Tabelle.
   c. Markiere die Endungen der Adjektive.

> **Akkusativ:**
> einen roten Schal
> ein tolles Buch
> eine gelbe Lampe
> geringelte Socken

einen	ein	eine

4 Eine Wortgruppe passt nicht in die Tabelle. Sie steht im Plural.
   Welche Wortgruppe aus Aufgabe 1 steht ebenfalls im Plural?
   a. Schreibe beide Wortgruppen auf.
   b. Markiere die Endungen des Adjektivs.

_____

_____

Z 5 Was würdest du alles in deinen Koffer packen?
  a. Suche dir ein Reiseziel aus:
    • eine warme Mittelmeerinsel,
    • eine aufregende Großstadt,
    • eine sportliche Bergtour.
  b. Schreibe fünf Sätze in dein Heft.

Starthilfe

Ich packe eine gelbe Badehose ein.

Im Zug bleiben oft Sachen liegen.

die Brille

der Hut

der Schlüssel

der Schnuller

das Buch

der Schwimmreifen

6 Wem gehören diese Dinge?
  a. Sieh dir die Bilder an.
  b. Schreibe Sätze auf.
     Verwende die Wortgruppen vom Rand.

Dativ:
der alte Mann ➔ ... gehört dem alten Mann
das junge Mädchen ➔ ... gehört dem jungen Mädchen
die große Frau ➔ ... gehört der großen Frau

Die Brille gehört _____

die nette Frau
der vergessliche Mann
das kleine Mädchen
das niedliche Baby
der freundliche Großvater
die vornehme Dame

Mit Adjektiven und Possessivpronomen beschreibst du etwas ganz genau.

Z 7 Wem gehören die Dinge?
Schreibe Sätze auf.
  • Du kannst die Satzschalttafel verwenden.
  • Du kannst dir auch eigene Sätze ausdenken.

	mein / dein / sein / ihr / unser / euer	gestreift- braun-	er	Pullover. Rucksack.
Das ist	mein / dein / sein / ihr / unser / euer	lustig- weiß-	es	Comicheft. Hemd.
	meine / deine / seine / ihre / unsere / eure	schick- neu-	e	Hose. Mütze.

Doppel-Klick 7

Das Arbeitsheft ✚ Sprachförderung

Lösungen

1 Der Atlas von Irina ist größer *als* der Atlas von Metul.
Metul hat mehr CDs *als* Irina.
Metuls Laptop ist genauso groß *wie* Irinas Laptop.
Irinas Smartphone hat ein größeres Display *als* Metuls Smartphone.
Irina verwendet weniger Medien *als* Metul.

2 höher *als*
genauso schnell *wie*
länger *als*
weiter *als*
nicht so schnell *wie*
so lang *wie*

1 In dem Text geht es vermutlich um elektronische Medien, die Jugendliche im Laufe des Tages verwenden. Das habe ich an der Überschrift und an der Bildunterschrift der Grafik erkannt.

5 1 Fragestellung für die Studie
2 Nutzung vor der Schule oder vor der Arbeit
3 Nutzung nach dem Unterricht
4 Nutzung am Abend
5 Veränderungen im Bereich der Medien

7 *Diese Schlüsselwörter könntest du markiert haben:*
Absatz 1: elektronische Medien, wann welches Medium, 1200 Jugendliche, 13 bis 19 Jahren, wann welches Medium am wichtigsten, wie im Tagesverlauf verändert
Absatz 2: Aufstehen, Musik, Lieblingssender, Handys kaum eine Rolle, Internet, wenig Zeit, Schulweg
Absatz 3: Medien Pause, Musik aus dem Radio, Handy unwichtig, Internet Fundgrube, Hausaufgaben, soziale Netzwerke, Kommunikation
Absatz 4: Fernsehen, Abend, Abendessen, Handy, MP3-Player, Musik
Absatz 5: Erfahrungen, Veränderungen, multifunktionales Gerät, neue Medien, Zukunft

8 die Studie: eine wissenschaftliche Untersuchung
der Favorit – die Favoriten: der, das, die Bevorzugte
die Kommunikation: die Verständigung untereinander und miteinander

10 b. *Das könntest du aufgeschrieben haben:*
Ein Medium ist ein Mittel, mit dem man etwas übermitteln kann. Das können Texte, Bilder oder Informationen sein. Beispiele sind Fernseher, Radio oder weitere elektronische Geräte.

11 b. Die Informationen in der Grafik passen zu den Absätzen 2, 3 und 4.

12 b. *Das könntest du aufgeschrieben haben:*
Durch die Linien in der Grafik erfahre ich, welches Medium zu welcher Tageszeit für Jugendliche wichtig ist. In der Grafik sind Daten über die Medien Fernsehen, Radio und Handy dargestellt. Es geht um die Tageszeiten: morgens vor dem Unterricht oder vor der Arbeit, vormittags, nachmittags nach dem Unterricht oder beim Lernen und abends. Die Linien zeigen die Menge der Jugendlichen an, die zu den genannten Zeiten ein bestimmtes Medium benutzen.

13 Das Fernsehen ist am Vormittag *unwichtig*.
Vormittags hören *9* % der Benutzer Radio.
Vormittags wird *das Handy* am meisten genutzt.

14 c.

Medium	Antwort im Text	Antwort in Grafik
Fernsehen	etwas weniger wichtig	16 %
Radio	ganz wichtig	27 %
Handy	am unwichtigsten	7 %

1 a. und b.
① Dieser Sendemast ist *hoch*.
② Dieser Sendemast ist *höher*.
③ Dieser Sendemast ist *am höchsten*.

2 *hoch* – *höher* – am *höchsten*

3 Jesko hat *viel* geschrieben.
Tea hat *mehr* geschrieben.
Büsra hat *am meisten* geschrieben.

4 *Das könntest du geschrieben haben:*
Mir gefällt Musik hören *gut*.
Mir gefällt im Internet surfen *besser*.
Mir gefällt Freunde treffen *am besten*.

5 hoch – höher – am höchsten
viel – mehr – am meisten
gut – besser – am besten

1 a. und b.
Der Tierpfleger säubert den Stall.
Dann zerkleinert er das Futter.
Er kürzt die Klauen der Ziegen.

2 Der Tierpfleger bürstet das Fell.
Er hängt Laubbüschel im Stall auf.
Er füllt frisches Trinkwasser in den Wassereimer.

3 die Tiere vom Stall zur Wiese *transportieren*
die Klauen *kontrollieren*
den Stall *lüften*
den Stall *ausmisten*

Seite 13

1 *Diese Wortgruppen könntest du markiert haben:*
Mutter, Seehundstation, Alter, Gewicht,
Gesundheitszustand, notieren die Ergebnisse,
Neuankömmling, allein in einem Becken, keine Krankheit
einschleppt, nach zwei Monaten, zurück ins Meer
bringen

2 Der Tierpfleger *transportiert* das Tier zur
Seehundstation.
Der Tierarzt *untersucht* das Tier und *versorgt* die
Wunden.
Der Tierpfleger hilft, wenn das Tier *gemessen* und *gewogen*
wird.
Regelmäßig *kontrolliert* der Tierpfleger, wie schwer der
Heuler ist.
Nach zehn Tagen *bringt* er den Heuler in das *große
Becken*.
Nach zwei Monaten ist der Tierpfleger dabei, wenn sie
die Tiere *zurück* ins Meer bringen.

Seite 14

1 a. und b. *(von links nach rechts)*
säubern – füttern – auskratzen
c.
Die Tierpflegerin säubert den Stall.
Der Tierpfleger füttert das Tigerbaby.
Der Tierpfleger kratzt den Huf aus.

2

Was gefällt dem Pfleger?	Was gefällt ihm nicht so gut?
– kann draußen sein	– Arbeit ist körperlich anstrengend
– Arbeitskleidung ist praktisch und bequem	– in den Gehegen stinkt es trotz Putzen
– kenne Tiere gut	– das Ausrechnen der Futtermengen
– denke mir Beschäftigungen für die Tiere aus	– Dienst am Wochenende
– neugeborene Tiere versorgen	

Seite 15

3 a. und b. *Diese Stärken solltest du ankreuzen:*
Sie hat keine Tierhaarallergie.
Sie hat keine Angst vor großen Tieren.

4 a. und b. *So gehören die Stärken und Nutzen zusammen:*
Eine gute Beobachtungsgabe ist nützlich, weil ich
auffälliges Verhalten bei den Tieren erkennen kann.
Die Merkfähigkeit ist nützlich, weil ich Wissen über die
Tiere gut behalten kann.
Handwerkliches Geschick ist nützlich, weil ich die
Tierunterkünfte einrichten und reparieren kann.

Die Kontaktfreude ist nützlich, weil ich den
Zoobesuchern Fragen beantworten kann.

5 a. und b. *Dies könntest du geschrieben haben:*
Die Ausbildung zum Tierpfleger dauert drei Jahre.
Sie ist mit allen Schulabschlüssen möglich.
Ähnliche Berufe sind Pferdewirt, Tierwirt und
Tiermedizinische Fachangestellte.

Seite 16

6 Tierpfleger *sorgen dafür*, dass es Tieren gut geht. Sie
arbeiten zum Beispiel in Wildparks, in Tierarztpraxen
oder *im Zoo*. Die Ausbildung dauert *drei Jahre*. Für eine
Ausbildung solltest du diese Stärken mitbringen:
1. *Freude an körperlicher Arbeit*,
2. *Gesundheit*,
3. *Liebe zu Tieren*.
Wer eine *Tierhaarallergie* hat, ist nicht für den Beruf
geeignet. Zu den wichtigsten Tätigkeiten in diesem Beruf
gehören diese: Tierpfleger *füttern* die Tiere. Regelmäßig
müssen sie *die Gehege säubern*. Damit sich die Tiere
nicht langweilen, muss ein Tierpfleger *für Abwechslung
sorgen*. Die Ausbildungsplätze sind begehrt. Es gibt aber
auch ähnliche Berufe wie *Pferdewirt, Tierwirt oder
Tiermedizinischer Fachangestellter*.

Seite 17

1 ① Die Seehunde *wurden ausgesetzt*.
② Die Seehundstation *wurde* vorübergehend
geschlossen.
③ Fünf Heuler *wurden gefunden*.
④ Die Vogelzählung *wurde beendet*.
⑤ Mehrere Schweinswale *wurden gesichtet*.

2 a., b., c. und d.
Der Tierpfleger *versorgt* das Tier. Das Tier *wird versorgt*.
Die Tierpflegerin *wäscht* den Elefant. Der Elefant *wird
gewaschen*.
Der Tierarzt *misst* den Heuler. Der Heuler *wird gemessen*.
Der Tierarzt *untersucht* die Robbe. Die Robbe *wird
untersucht*.
Der Tierpfleger *füttert* die Ziegen. Die Ziegen *werden
gefüttert*.

Seite 18

1 a.
Die Sätze auf der linken Seite sind *über Ana*.
Die Ratschläge im rechten Text gelten *allgemein für viele
Personen*.
b.
sie bekommt, sie zieht an, sie fühlt sich wohl, sie singt;
man bekommt, man zieht an, man fühlt sich wohl, man
singt

2 b.
Eine Übung für gute Laune
Man schaut sich in einem Spiegel an. Dann *legt man* die
Zeigefinger auf die Mundwinkel.
Man zieht die Mundwinkel nach oben zu einer
lächelnden Grimasse.
Man betrachtet die Grimasse so lange, bis ein echtes
Lächeln entsteht.

1 **a.** und **b.**
Zuerst *gibt man* im Internet bei einer Suchmaschine die Begriffe „QR-Code erzeugen" ein.
Man erhält viele Internetadressen, bei denen man kostenlos selbst einen QR-Code erzeugen kann.

2 **a.** und **b.**
Wenn man einen passenden Link öffnet, *erscheint* schon ein Feld, in das man einen Text eintragen *kann*.

3 *Dieser Satz ist verrutscht:*
Wenn man einen Liebesbrief im Würfelmuster eines QR-Codes verstecken möchte, braucht man einen kurzen, liebevollen Text und ein Handy oder einen PC mit Internetanschluss.
Dieser Satz gehört an den Anfang von Absatz 1.
Es ist dann der erste Satz des Textes.

4 **a.** *Die Satzanfänge mit* **Wenn** *und mit* **Sofort** *wiederholen sich.*
b. *So könntest du die Satzanfänge verbessern:*
Sobald man einen passenden Link öffnet, erscheint schon ein Feld, in das man einen Text eintragen kann.
Jetzt speichert man das Quadrat so in einem Ordner, dass man es später wiederfindet.

5 **b.** *So ist der Satz richtig geschrieben:*
Man kann ihn auch *direkt* dem oder der Liebsten auf dem Handy zeigen.

6 **Wie man einen Liebesbrief mit einem QR-Code verschlüsselt**
Wenn man einen Liebesbrief im Würfelmuster eines QR-Codes verstecken möchte, braucht man einen kurzen, liebevollen Text und ein Handy oder einen PC mit Internetanschluss.
Zuerst gibt man im Internet bei einer Suchmaschine die Begriffe „QR-Code erzeugen" ein.
Man erhält viele Internetadressen, bei denen man kostenlos selbst einen QR-Code erzeugen kann.
Sobald man einen passenden Link öffnet, erscheint schon ein Feld, in das man einen Text eintragen kann.
Anschließend klickt man den Button für die automatische Erzeugung des QR-Codes.
Sofort erscheint auf dem Bildschirm das gemusterte Quadrat mit den verschlüsselten Informationen. Jetzt speichert man das Quadrat so in einem Ordner, dass man es später wiederfindet.
Zum Schluss verschickt man den QR-Code im Anhang einer E-Mail oder druckt ihn aus. Man kann ihn auch direkt dem oder der Liebsten auf dem Handy zeigen.

2 **a.** Es ist eine *KOKOSNUSS*.
b.
Wie man eine Kokosnuss knackt
Um den Kern einer Kokosnuss zu knacken, *braucht* man einen spitzen Gegenstand aus Metall und einen Hammer. Zuerst entfernt man den Saft. Dafür *sucht* man die drei Dellen an der Oberseite der Kokosnuss. Eine der Dellen ist weich und man kann sie mit einem spitzen

Gegenstand durchstoßen. Man *gießt* den süßen Saft in ein Glas oder *trinkt* ihn mit einem Trinkhalm aus. Nun nimmt man die Kokosnuss in eine Hand und *schlägt* mit dem Hammer rundum an der dicksten Stelle der Kokosnuss. Bald platzt die Kokosnuss von alleine auf. Zum Schluss *schneidet* man mit dem Messer das Fruchtfleisch aus der harten Schale und *isst* es. Guten Appetit!

3 **Rezept für einen Kokosmilchshake**
Man misst 1 Glas Kokosmilch und 3 Gläser Ananassaft ab. Dann verrührt man die Flüssigkeiten zusammen mit 2 Kugeln Vanilleeis im Mixer. Man füllt das Getränk in hohe Gläser und bestreut sie mit Kokosraspeln. Zum Schluss serviert man den Kokosmilchshake mit Trinkhalmen.

1 **a.** und **b.** *Du könntest dies geschrieben haben:*
Ich finde, dass man MP3-Player in der Schule ausschalten sollte.
Ich bin der Ansicht, dass es nicht jeden Tag Sport geben sollte.
Ich meine, dass Handys in den Pausen erlaubt sein sollten.
Ich bin der Meinung, dass Eltern Taschengeld zahlen sollten.
Ich denke, dass nicht jedes Jahr eine Klassenfahrt stattfinden sollte.
Ich bin dafür, dass die Schule morgens früher anfangen sollte.

1 In dem Text geht es um die Frage, ob der Unterricht morgens später anfangen sollte.

2

Die Schule soll später beginnen.	Die Schule soll früh beginnen wie bisher.
Kölner Schüler	Berliner Schüler
Experten	Eltern

3 **a.** und **b.**

Die Schule soll später beginnen.	Die Schule soll früh beginnen wie bisher.
Jugendliche wollen länger schlafen.	Jugendliche wollen nachmittags früh nach Hause.
Jugendliche brauchen mindestens achteinhalb Stunden Schlaf.	Eltern wollen kontrollieren, ob ihr Kind zur Schule geht.
Jugendliche können sich besser konzentrieren.	Kinder müssen später auch früh zur Arbeit.
Die Schulleistungen werden besser.	

4 b. Weil Jugendliche abends sehr spät ins Bett gehen, schlafen sie zu wenig.
Wenn sie morgens pünktlich im Unterricht sitzen, sind sie übermüdet und können sich nicht richtig konzentrieren.

5 b. Viele Eltern müssen morgens selber zur Arbeit und können so kontrollieren, ob ihr Kind wirklich zur Schule geht.
Wenn der Unterricht nachmittags länger dauert, fehlt die Zeit für Hausaufgaben, Hobbys und Freunde.

Seite 25

8 und **9** *Dies könntest du geschrieben haben:*
Ich bin für einen späteren Unterrichtsbeginn, weil ich mich besser konzentrieren kann, wenn ich ausgeschlafen habe. Dadurch werden meine Schulleistungen besser.
Ich bin auch deshalb für einen späteren Unterrichtsbeginn, weil ich morgens mehr Zeit brauche. Dann kann ich meinen Hund vor der Schule noch ausführen.

Seite 26

10 a. *Dies könntest du geschrieben haben:*
Ich möchte Stellung nehmen zu dem Thema, ob der Unterricht später anfangen sollte oder nicht. Wir haben dazu einen Zeitungsartikel gelesen.
b. Ich bin dafür, dass der Unterricht später beginnt.

11 Wenn der Unterricht später beginnt, sind die Schüler ausgeschlafener. Ihre Leistungen werden besser, weil sie sich gut konzentrieren können.
Wenn der Unterricht später beginnt, können Schüler morgens mit ihren Eltern zusammen aufstehen. Sie können dann zum Beispiel noch gemeinsam frühstücken.
Wenn der Unterricht später beginnt, kommen weniger Schüler zu spät. Sie stören dann nicht mehr den Unterricht.

12 Ich finde also, dass ein späterer Unterrichtsbeginn viele Vorteile für den Alltag der meisten Schüler und für ihre Leistungen hat. Mir persönlich würde ein späterer Beginn auf jeden Fall besser gefallen.

Seite 27

1 Die Klassenarbeit sollte später geschrieben werden, *weil* ich dann nicht mehr so müde bin.
Ich bin für die frühe Klassenarbeit, *weil* ich mich dann noch gut konzentrieren kann.
Ich bin auch für eine frühe Klassenarbeit, *weil* meine Aufregung vor einer Arbeit dann nicht so lange dauert.

2 Das stört mich nicht, *denn* man kann auch einmal eher von zu Hause losgehen.
Eine frühe Klassenarbeit ist gut, *denn* meine Vorbereitung vom Wochenende ist dann noch frisch.

Seite 28

1 a. und b. *Das könntest du geschrieben haben:*
Die Ballade handelt von einem Zauberlehrling, der etwas zaubert, als sein Hexenmeister nicht da ist, und der die Folgen allein nicht mehr bewältigen kann.

2 Die Hauptfigur ist ein Zauberlehrling.

Seite 30

4 a. und b.
Gestern habe ich meinen *Lehrling* allein gelassen. Da wollte er selbst einmal *zaubern*. Er verwandelte einen *Besen* in einen *Knecht* und verlangte von ihm, dass er *Wasser* für sein Bad holt. Zuerst gelang ihm der Zauberspruch tatsächlich. Der Besen lief zum *Ufer* und holte Wasser. Aber der Zauberlehrling hatte den richtigen *Zauberspruch* vergessen, damit der Besen wieder aufhört. Der ganze Boden war *überschwemmt!* Da wurde der Zauberlehrling sehr *wütend* und brüllte den Besen an, aber der lief immer weiter und holte neues Wasser. Der Zauberlehrling schlug den Besen mit einem *Beil* in zwei Stücke, um ihn zu stoppen. Aber der Plan ging nicht auf: Jetzt holten beide *Teile* des Besens Wasser. Mein Zauberlehrling war so *verzweifelt*, dass er nach mir rief. Zum Glück hörte ich ihn, eilte herbei und befahl dem Besen aufzuhören. Der Spuk war beendet.

5 *So könntest du die Überschriften für die Strophen verteilen:*
1 Einmal selbst zaubern
2 Der Zauber gelingt
3 Der Besen wird zum Knecht
4 Der Besen hört nicht auf
5 Der Lehrling bekommt Angst
6 Rettungsversuch mit dem Beil
7 Hilfe, Meister!

Seite 31

6 Wer ist die Hauptperson? *Der Zauberlehrling.*
Welchen Wunsch hat die Hauptperson?
Sie möchte einmal allein zaubern.
Was passiert auf einmal?
Der Lehrling kann den Besen nicht mehr stoppen.
Was tut die Hauptperson?
Sie will den Besen mit einem Beil zerschlagen.
Was geschieht?
Es entstehen zwei Besen, die nun Wasser bringen.
Wie löst sich die Spannung zum Schluss auf?
Der Lehrling ruft den Meister, der ihm zu Hilfe kommt und die Besen stoppt.

7 Strophe 1: selbstsicher
Strophe 2: stolz
Strophe 3: verunsichert
Strophe 4: beunruhigt
Strophe 5: erleichtert
Strophe 6: mutlos
Strophe 7: panisch

8 Am Anfang der Ballade fühlt sich der Zauberlehrling *selbstsicher*. Er ist *stolz* auf sein Können. Als der Besen aber immer mehr Wasser bringt und dem Zauberlehrling das Zauberwort nicht einfällt, wird er langsam *verunsichert*. Nachdem er den Besen mit dem Beil in zwei Teile geschlagen hat, fühlt er sich *erleichtert*. Er hofft, er hätte damit den Besen aufgehalten. Danach wird er *mutlos*, denn er erkennt, dass der Besen keineswegs aufgehalten wurde. Als seine *panische* Stimmung den Höhepunkt erreicht, ruft er seinen Meister zu Hilfe.

Seite 32

9 Die Ballade hat *sieben* Strophen. Am Ende jeder Strophe gibt es einen eingerückten Text. Dieser Teil wird *Refrain* genannt. Das sind wiederkehrende Verse oder Reime in einem Gedicht. Der Refrain ist ein auffälliges Merkmal in einem Gedicht oder einer *Ballade*. In jeder Strophe (ohne Refrain) gibt es *acht* Verse. In jedem Refrain gibt es *sechs* Verse.

10 b. Die ersten acht Verse haben die Reimform *Kreuzreim*: a-b-a-b.

11 Im Refrain gibt es verschiedene Reimformen, nämlich: *Kreuzreim* (c), *Paarreim* (b) und *umarmender Reim* (a): a-b-b-c-a-c.

Seite 33

1 a., b. und c.
Zaubere nie wieder allein!
Beachte meine Anweisungen!
Denke immer daran!

2 a. und b.
Zaubert niemals allein!
Denkt immer an meine Worte!
Beachtet meine Anweisungen!
Lernt die Zaubersprüche!

3 b.
sprechen – sprich! – sprecht!
geben – gib! – gebt!
sehen – sieh! – seht!
messen – miss! - messt!
helfen – hilf! – helft!
nehmen – nimm! – nehmt!

Seite 34

2 sie – die Baggerfahrer, dafür – für einen besonderen Führerschein, das – wie man die große Maschine bewegen kann, diese – Sicherheitsbestimmungen, sie – Baggerfahrer, dabei – um die Baugrube für ein Einfamilienhaus auszuheben

3 Wir suchen ab sofort einen zuverlässigen Baggerfahrer. *Er* sollte bereits Berufserfahrung haben. *Dazu* gehört auch das Führen eines besonders großen Baggers. Wir setzen *diesen* auf unserer Großbaustelle ein. Um *dorthin* zu kommen, ist ein eigenes Auto von Vorteil.

Seite 35

1 *Diese Wörter könntest du markiert haben:*
Bahnhofstraße, Baggerfahrer, Baugrube, Sack, Geldscheine, 51.000 Euro, Ermittlungen, woher

2 *Diese Fragen könntest du aufgeschrieben haben:*
Wie ist der Geldsack in die Erde gekommen?
Wann wurde der Sack eingegraben?
Warum hat niemand den Sack wieder ausgegraben?
Woher stammt das Geld?

Seite 39

1 Die Katze von Anna heißt Sammy.

2 bis **5**

Nomen mit -ung	Nomen mit -heit	Nomen mit -keit	Nomen mit -nis
die Einladung	die Faulheit	die Pünktlichkeit	das Erlebnis
die Drohung	die Schönheit	die Sauberkeit	das Hindernis
die Begegnung	die Freiheit	die Übelkeit	das Ereignis
die Rettung	die Seltenheit	die Müdigkeit	das Erlebnis
die Vorbereitung	die Krankheit	die Tapferkeit	das Verhältnis
	die Klugheit	die Fähigkeit	das Begräbnis
die Dunkelheit	die Höflichkeit		

3 b.
drohen – die Droh*ung*
heizen – die Heiz*ung*
begegnen – die Begegn*ung*
retten – die Rett*ung*
vorbereiten – die Vorbereit*ung*

Seite 40

4 a.
die Schön*heit*, die Frei*heit*, die Selten*heit*
die Krank*heit*, die Klug*heit*, die Dunkel*heit*

5 c.
die Sauber*keit*, die Übel*keit*, die Müdig*keit*,
die Tapfer*keit*, die Fähig*keit*, die Höflich*keit*
das Hinder*nis*, das Ereig*nis*, das Erleb*nis*, das Verhält*nis*,
das Begräb*nis*

6 a. und b.
Was ich mag: Nudeln, Freundlich*keit*
Was ich nicht mag: Krank*heit*
Worin ich gut bin: Rechtschreib*ung*, Zeichnen
Worin ich nicht gut bin: Ordn*ung*
Mein schönstes Erleb*nis*: Mein Sieg im Tischtennis

Seite 41

1 Schwimmbrillen helfen beim Sehen unter Wasser und schützen die Augen.

2 c.
zum Baden – baden, nach dem Essen – essen,
das Duschen – duschen, vor dem Schwimmen –
schwimmen, beim Sehen – sehen, beim Spielen –
spielen, das Springen – springen

3 Das Schwimmen im Bereich einer Sprunganlage ist verboten.
Das Rennen auf den glatten Fliesen ist gefährlich.
Das Beachten der Lautsprecherdurchsagen ist wichtig.
Das Grillen auf den Liegewiesen ist verboten.

Seite 42

1 Herr Jensen braucht für seine Arbeit eine Kamera, ein Handy und etwas Warmes.

2 c.

nichts Geheimnisvolles – geheimnisvoll, alles Wichtige – wichtig, nichts Besonderes – besonders, etwas Warmes – warm, etwas Merkwürdiges – merkwürdig, alles Interessante – interessant

3 Der letzte Auftrag von Detektiv Jensen war *anstrengend*. Er sollte alles *Wichtige* über einen Rentner herausbekommen. Der alte Mann war noch sehr *rüstig*. Jeden Tag unternahm er etwas *Sportliches*. Detektiv Jensen folgte ihm ins Schwimmbad und auf den Sportplatz. Er radelte auch stundenlang hinter ihm her. Sonst gab es nichts *Auffallendes* an dem Mann. Die Auftraggeberin sagte: „Ich bin *froh*. Er hat nichts *Falsches* gesagt. Er trainiert wirklich für das Sportabzeichen."

Seite 43

1 b. und c.

Wörter mit nn	Wörter mit tz und ck	Wörter mit ss, tt, ff	Wörter mit ll, mm
die Sonnen-strahlen	die Hitze	die Götter	das Metall
brannte	angesteckt	müssen	die Flamme
erinnern	der Fackelträger, die Fackel	die Eröffnung	soll
wenn	der Schutz		immer
brennende	eingepackt		entflammt

2 rennen – sie rennt – das Rennrad
backen – er backt – die Backstube
sitzen – sie sitzt – der Sitzplatz
stellen – sie stellt – die Stellfläche

Seite 44

1 b. und c.

geschossen – schießen, gegossen – gießen, ausgerissen – ausreißen, genossen – genießen, gebissen – beißen

2 a. und b.

schließen – er schloss – geschlossen
fließen – es floss – geflossen
sprießen – er spross – gesprossen
reißen – sie riss – gerissen

Seite 45

1 Schnecken fressen gern Kürbisblüten.

2 b. und c.

überlassen, fressen, wissen, vergessen, essen

3 essen: er aß, gegessen
vergessen: sie vergaß, sie vergisst
wissen: sie weiß, gewusst
fressen: er fraß, er frisst, gefressen
überlassen: sie überließ, er überlässt

Seite 46

1 bis **4**

Adjektive mit -ig	Adjektive mit -lich	Adjektive mit -isch
ruhig	freundlich	kindisch
vorsichtig	mündlich	kritisch
eckig	ärgerlich	stürmisch
sonnig	gefährlich	telefonisch
witzig	herzlich	künstlerisch
lustig		tierisch

Seite 47

1 Filiz erzählt zuerst vom Streit.

2

Adjektive mit -sam	Adjektive mit -los	Adjektive mit -(l)ig
langsam	zwecklos	freiwillig
aufmerksam	problemlos	langweilig
gemeinsam		gegenseitig

3 die freiwillige Teilnahme
der langweilige Film
die billige Hose
die zufällige Begegnung

4 problemlos – ohne ein Problem
mutlos – ohne Mut
atemlos – ohne Atem

Seite 48

1 b. und c.
das Kilo, der Liter, die Vitamine, die Margarine, die Maschine, das Benzin

2 a., b. und c.
der Widerstand: die Abwehrhaltung
widersprechen: etwas dagegen sagen
widerstehen: einem Wunsch nicht nachgeben
widerwillig: ungern
erwidern: antworten

Seite 49

1 Aber nachts lag ich oft wach und träumte davon, etwas Zeit für mich selbst zu haben.

2 b.
morgens, vormittags, mittags, nachmittags, abends, nachts

3 Elena steht *morgens* um halb sieben auf. Wenn sie *abends* mal länger aufgeblieben ist, fällt ihr das Aufstehen ganz schön schwer. *Mittags* nach der Schule holt sie ihren kleinen Bruder aus dem Kindergarten ab. *Nachmittags* hat sie manchmal Besuch von einer Freundin.

1 Der Reporter notiert wichtige Informationen.

2 c.
die Redaktion, die Aktion, die Organisation, die Informationen

3 a. und c.
die Organisation – organisieren
die Funktion – funktionieren
die Aktion – agieren
die Gratulation – gratulieren
die Information – informieren

1 1969 landeten zum ersten Mal Menschen auf dem Mond.

2 c.
die Astronomie, die Galaxie, die Fantasie, die Industrie, die Energie, die Touristen

3 a.
der Egoist – ein Mensch, der nur an sich denkt
die Ironie – feiner Spott
der Artist – jemand, der mit seinem Körper Kunststücke macht
die Biologie – die Lehre von der belebten Natur
der Gitarrist – ein Musiker, der Gitarre spielt
die Harmonie – die Übereinstimmung, der Einklang

c.
der Artist – die Biologie – der Egoist – der Gitarrist – die Harmonie – die Ironie

1 Beim Drehen werden wir nicht allein sein: Der Offene Kanal unterstützt uns mit seiner Technik.

2 b.
dabei sein, offen sein, allein sein, zusammen sein, hier sein

3 Auf den neuen Film freue ich mich. Zita sagt, er soll *spannend sein*.
Hast du deine Aufgaben noch nicht beendet? Du solltest längst damit *fertig sein*.
Liza findet Tom total süß. Sie würde gern mit ihm *zusammen sein*.
Ich habe ab drei Uhr Zeit, dann werde ich *dort sein*.
Diese DVD ist zerkratzt. Sie könnte *kaputt sein*.

1 a. bis d. *Du könntest diese verwandten Wörter aufgeschrieben haben:*
sie unterhält sich – unterhalten, ich träume – der Traum, die Verkäuferin – verkaufen, die Sträuße – der Strauß, er lächelt – das Lachen, häufig – der Haufen, es fällt – fallen, die Gärtnerei – der Garten, äußerst – außen, sie verlässt – verlassen, das Gebäude – bauen

2 a. und b.
zählen kommt von *Zahl*, also ä: *zählen*
die Nähe kommt von *nahe*, also ä: *die Nähe*
aufräumen kommt von *Raum*, also äu: *aufräumen*
läuten kommt von *Laut*, also äu: *läuten*

1 Victor schlief den Tag über.

2 a.
Nomen: der Wald – die Wälder, der Tag – die Tage, das Kind – die Kinder, der Erfolg – die Erfolge
b.
Verben: er starb – sterben, er glaubt – glauben
c.
Adjektive: wild – wilder, streng – strenger, lieb – lieber

3 a. und b.
klug – klüger, der Mittag – die Tage,
gesund – gesünder, das Feld – die Felder,
halb – halbe, er lag – liegen,
das Rad – die Räder, sie glaubt – glauben

1 das Schuljahr, während, fühlt, sehr, ihm, wahr, ihn, wohl, unternehmen

2 a. und b.
unternehmen – wegnehmen – die Unternehmung
wahr – wahrscheinlich – die Wahrheit
fühlen – das Gefühl – der Fühler

3 bezahlen, abzählen, der Zähler
die Wahl, wählen, wählerisch
nehmen, sie nahm, sie Zunahme

1 Nadia ist Mitglied in einem sozialen Netzwerk, weil ihre Freunde es auch sind.

2 und 3
Soziale Netzwerke
Die Klasse 7a spricht im Deutschunterricht über soziale Netzwerke. Kolja findet, *dass* soziale Netzwerke eine gute Sache sind. Nadia ist Mitglied in einem Netzwerk, *weil* ihre Freunde es auch sind. Keira ist dort auch angemeldet, *obwohl* ihre Eltern dagegen sind. Boris glaubt, *dass* durch das Chatten im Internet neue Freundschaften entstehen.
Milo hat sein Profil gelöscht, *weil* ihm ein anderes Netzwerk besser gefällt. Nachmittags chattet Janja, *obwohl* sie ihre Freunde schon vormittags gesehen hat. Tarik findet gut, *dass* man in den Profilen von anderen viel über sie erfahren kann.

4 *Du könntest diese Sätze aufgeschrieben haben:*
Ich befürchte, dass das Internet nicht sicher ist.
Gar nicht gefällt mir, dass alle aus meiner Klasse meine Fotos sehen können.
Zu meiner Party sind nur wenige gekommen, obwohl ich alle meine 150 Freunde eingeladen habe.
Meine Freundin chattet den ganzen Tag, weil sie Angst hat, etwas zu verpassen.
Obwohl viele Freunde Probleme hatten, nehme ich das Ganze nicht so ernst.
Weil meine Eltern immer genau nachfragen, kann mir nichts passieren.

1 User nennt man einen Menschen, der Mitglied in einem sozialen Netzwerk ist.

2 und **3**
Mit Profil
User nennt man einen Menschen, *der* Mitglied in einem sozialen Netzwerk ist. Jeder User gestaltet für sich eine Seite, *die* er ins Netz stellt. Man erstellt ein Profil, *das* möglichst viel über einen aussagt. Es gibt mehrere soziale Netzwerke, *die* für Schüler kostenlos sind. Ayla erzählt von ihrem Netzwerk: „Ich kann jedem User schreiben, *der* mich interessiert. Auf meiner Seite gibt es eine Pinnwand, *die* Veröffentlichungen von anderen enthält. Ich habe ein Profilbild, *das* nicht zu persönlich ist. Mein Netzwerk besteht aus Seiten, *die* von den Usern gestaltet werden."

4 **a.**, **b.** und **c.**
Gib niemandem Informationen, die persönlich sind.
In jedem sozialen Netzwerk gibt es Regeln, die dich schützen.
Sei misstrauisch bei Nachfragen, die persönliche Angaben von dir verlangen.
Verwende nur ein Foto, das dich nicht blamiert.

Seite 58

1 Yasemin trifft im Netzwerk ihre Freunde.

2 **a.** und **b.**
Mika findet: „Wäre es nicht schöner, die Freunde persönlich zu treffen?"
„Im Internet lernen schüchterne Menschen leichter neue Leute kennen", sagt Noah.
Kasia entgegnet: „Dann hätte ich Angst, dort von Fremden belästigt zu werden!"
„Du musst darauf achten, welche Informationen du von dir preisgibst", rät Nico.

3 **a.** und **b.**
„Das größte Problem an Netzwerken", sagt Laura, „ist das Mobbing!"
„Ja", sagt Caro, „ich hätte Angst davor, im Internet beleidigt zu werden."
„Ich wüsste gar nicht", überlegt Tim, „was ich in so einem Fall tun sollte."
„Ich denke", rät Amed, „man sollte sich einem Erwachsenen anvertrauen."

Seite 59

1 **a.** und **b.**
unser Abend, *ihre* Laune, *seine* Stimme, *mein* Bruder, *seine* Band, *dein* Bruder, *ihr* Auftritt, *sein* Gesang, *euer* Gekreische

2 **a.** und **b.**
Hallo Alex,
jetzt ist *unsere* Zeit hier schon fast vorbei. *Unser* Klassenlehrer ist ziemlich nett. Gestern haben wir einen Filmabend gemacht. Nick hatte *seine* Filme dabei. Heute morgen dachte Luisa, sie hätte *ihr* Handy verloren. Zum Glück hatte es aber nur *ihr* Freund eingepackt.

Vielen Dank noch mal für deine Taschenlampe. Ich freue mich auf *unser* Wiedersehen.
Dein Janik

Seite 60

3 **a.** und **b.**
Ich habe *deinen Fotoapparat* gefunden.
Sucht Leyla *ihren Ohrring*?
Ich kann *meine Sonnenbrille* nicht finden.
Sind das *eure Handtücher*?
Schieb mal *seinen Koffer* beiseite!
Hast du *unsere Gummistiefel* gesehen?

4 **a.**, **b.** und **c.**
Wen oder was kann ich nicht finden? Mein**e** Sonnenbrille.
Wen oder was hast du gesehen? Unser**e** Gummistiefel.
Wen oder was habe ich gefunden? Dein**en** Fotoapparat.
Was sind das? Eur**e** Handtücher.
Wen oder was schieb mal beiseite? Sein**en** Koffer.
Wen oder was sucht Leyla? Ihr**en** Ohrring.

5 *Dies hättest du schreiben können:*
Ich frage meinen Freund, ob er helfen kann.
Oder ich frage meinen Vater.
Ich frage meine Schwester.
Ich frage meine Oma.
Ich frage meinen Onkel.

6 **a.** und **b.** *Dies hättest du schreiben können:*
Ich schreibe mein**em** Freund eine SMS.
Pia schreibt ihr**er** Mutter eine E-Mail.
Kjell schreibt sein**er** Oma einen Brief.
Wir schreiben unser**em** Vater eine Postkarte.

Seite 61

1 **b.** und **c.**
ein**e** groß**e** Sonnenbrille, ei**n** weit**es** Hemd, ein**en** neu**en** Reisepass, fest**e** Schuhe, ein**e** klein**e** Taschenlampe

2 Frida könnte eine Winterreise in die Berge machen.

3 **b.** und **c.**

einen	ein	eine
einen dick**en** Anorak	ein neu**es** Unterhemd	eine warm**e** Hose
einen warm**en** Schlafsack	ein gut**es** Sonnenschutzmittel	eine lang**e** Unterhose
einen bunt**en** Schal		eine neu**e** Schneebrille

4 **a.** und **b.**
fest**e** Schuhe, wasserdicht**e** Handschuhe

Seite 62

6 **a.** und **b.**
Die Brille gehört der netten Frau.
Der Schnuller gehört dem niedlichen Baby.
Der Schwimmreifen gehört dem kleinen Mädchen.
Der Schlüssel gehört dem vergesslichen Mann.

Der Hut gehört dem freundlichen Großvater.
Das Buch gehört der vornehmen Dame.

7 *Dies könntest du geschrieben haben:*
Das ist mein gestreifter Pullover.
Das ist dein brauner Rucksack.
Das ist unser lustiges Comicheft.
Das ist ihre weiße Hose.
Das ist seine schicke Mütze.

Seite 63

1 Papier wird auch aus Holz hergestellt.

2 Das Lösungswort (von oben nach unten gelesen) heißt
PAPIER.

Seite 64

3 **a.** und **b.**
er wird eingesammelt, er wird getrocknet, er wird
gespült, sie werden gewonnen, sie werden gekocht,
sie wird verteilt, er wird gestellt, es wird abgezogen,
es wird verarbeitet

4 Aus Tiermist *werden* Papierbogen *gemacht*.
Der Rohstoff für 100 Bogen Papier *wird* täglich von nur
einem Elefanten *geliefert*.
Das Besondere dabei: Jeder Papierbogen *wird* einzeln
mit der Hand *gefertigt*.

5 Das Papier wird an die Touristen verkauft.
Die Masse wird mit Naturfarben gefärbt.
Die fertigen Produkte werden bis nach Deutschland
verkauft.

Seite 65

1 Er wurde in dem Laden neben der Fabrik ausgestellt.

2 **a.** und **b.**
er wurde in eine Fabrik eingeladen – dort wurde Papier
aus Elefantenmist gemacht – der Mist wurde gewaschen
und gekocht – er wurde aufgefordert mitzumachen – er
wurde belohnt – sein Papier wurde ausgestellt – sein
Name wurde auf ein Schild geschrieben

3 Ramesh *wurde* in eine Papierfabrik *eingeladen*.
Dort *wurde* aus Elefantendung Papier hergestellt.
Rameshs selbst gemachtes Papier *wurde* im Laden
neben der Fabrik *ausgestellt*.

Seite 66

4 Durch die Herstellung von Papier aus Elefantendung
wurde schon viel Gutes für den Erhalt der Elefanten
getan.
Bisher *wurden* Elefanten wegen des Elfenbeins leider oft
von Wilderern *gejagt*, aber durch das neue Papier *wurde*
eine neue Einnahmequelle *entdeckt*.
Nun *wurde* auch mit lebenden Elefanten Geld *verdient*.
Neben dem Tierschutz *wurde* auch etwas für die Umwelt
erreicht. Es *wurden* neue Möglichkeiten *gefunden*, Papier
aus anderem Material als Holz herzustellen.
Der Dung aller vegetarischen Tiere könnte Papier liefern.
In Australien *wurde* bereits der Versuch *gestartet*, Papier
aus Kängurudung herzustellen!

Seite 67

1 und **2**

Adverbien des Ortes (Wo?)	Adverbien des Ortes (Woher? Wohin?)
irgendwo	dorthin
da	hinaus
hier	hinunter
dort	vorwärts
drinnen	
überall	
nirgends	

Seite 68

1 **a.** und **b.**
Rap bedeutet „pochen"
Rapper sind *heute* die wichtigsten Mitglieder einer Rap-
Band. Jedoch war *früher* der DJ der eigentliche Star.
Er bewegte *nachts* auf den Partys das Publikum mit
seiner Musik. Die ersten Hip-Hop-Partys fanden *damals*
noch ohne Rapper statt. *Später* begannen Rapper auf
diesen Partys, ihre Geschichten zu den Beats der DJs zu
rappen.

2 **a.** und **b.**
Unsere Lehrerin hat versprochen, dass wir *bald* im
Unterricht rappen.
Ich trage dann einen Song vor, den ich *neulich* selbst
geschrieben habe.
Manchmal hören auch meine Eltern Hip-Hop. Toll, dass
wir *jetzt* in der Schule Hip-Hop hören. Wir haben alle
lange darauf gewartet!
c. *Dies könntest du aufgeschrieben haben:*
Ich kann *endlich* den Song auf der Gitarre spielen.
Ich verspiele mich *immer* an derselben Stelle.
Montags geht mein Vater zu seinem Chor.
Meine Eltern hören *oft* Jazzmusik.
Ich gehe *selten* zu einem Konzert.

Seite 69

1 **a.** und **b.**
Wer oder was betrat den Salon? Kammerzofe Jane.
Wer oder was machte eine schreckliche Entdeckung?
Sie.
Wer oder was saß nicht in seinem Käfig? Der wertvolle
Papagei.
Wer oder was weckte Lady Anne? Jane.
Wer oder was sagte dem Butler Bescheid? Jane.

2 **a.** und **b.**
Was tat Kammerzofe Jane im Salon?
Sie *betrat* den Salon. Sie *machte* eine schreckliche
Entdeckung. Sie *weckte* Lady Anne. Sie *sagte* dem Butler
Bescheid.

3 **b.** und **c.**
Wen oder was betrat Kammerzofe Jane? Den Salon.
Wen oder was machte sie? Eine schreckliche
Entdeckung.

Wen oder was weckte Jane? Lady Anne.
Wem sagte Jane Bescheid? Dem Butler.

Seite 70

1 **a. und b.**
Wann fotografierten die Männer den Tatort? Zuerst.
Wo sicherten sie die Fingerabdrücke? Im ganzen Raum.
Wo fanden sie Papageienfedern? Unter dem Fenster.
Wann informierten sie den Inspektor? Dann.

2 *So könntest du den Text umgestellt haben:*
Zuerst fotografierten die Männer den Tatort. Im ganzen Raum sicherten sie die Fingerabdrücke. Unter dem Fenster fanden sie Papageienfedern. Dann informierten sie den Inspektor.

3 *In einem Zoogeschäft* kaufte Lady Anne den Papagei vor vielen Jahren.
Eine Menge Geld bezahlte sie *damals*.
Viele komische Sätze sprach der Papagei *bereits*.
Lady Anne brachte er *seitdem* viel Spaß.

4 *So könntest du den Text umgestellt haben:*
Vor vielen Jahren kaufte Lady Anne den Papagei in einem Zoogeschäft. Damals bezahlte sie eine Menge Geld. Der Papagei sprach bereits viele komische Sätze.
Seitdem brachte er Lady Anne viel Spaß.

Seite 71

1 James ist ein Mann.

2 Der alte, treue Butler
ein ehrlicher und fleißiger

3 **a. und b.**
Die *zerstreute* Jane vergisst oft ihre *vielen* Aufgaben.
Der *plappernde* Papagei ist der *einzige* Freund von Lady Anne.
Der *scharfsinnige* Inspektor hat einen *ersten* Verdacht.

4 Den kostbaren Papagei versorgt die junge Kammerzofe Jane.
Ihre vielen Aufgaben vergisst die zerstreute Jane.
Der einzige Freund von Lady Anne ist der plappernde Papagei.
Einen ersten Verdacht hat der scharfsinnige Inspektor.

Seite 72

1 **a.**
Das Subjekt heißt: Jane.

2 **a. und b.**
④ Dauernd putzt sie ihn.
② Sie lüftet es regelmäßig.
③ Sie füttert ihn jeden Tag.
① Sie erledigt sie oft im Salon.
⑤ Manchmal vergisst sie sie.

d.
① sie – Jane (Subjekt); die – die Arbeiten (Akkusativobjekt)
② sie – Jane (Subjekt); es – das Zimmer (Akkusativobjekt)
③ sie – Jane (Subjekt); ihn – den hungrigen Papagei (Akkusativobjekt)
④ sie – Jane (Subjekt); ihn – den Käfig (Akkusativobjekt)
⑤ sie – Jane (Subjekt); sie – ihre Aufgaben (Akkusativobjekt)

a. und b.
Sie ließ es offen stehen. Er nutzte sie. Er flog nach draußen. Sie bemerkte sie nicht. Ob er wohl ins Schloss zurückkommt?

Seite 73

1 **a., b. und c.**
, wenn wir uns auf ein Ziel *einigen*.

2 **b. und c.**
Wenn der Betrieb in unserer Nähe *ist*, können wir ihn leicht erreichen.
Wenn wir die Vorschläge *sortieren*, bekommen wir einen besseren Überblick.
Wenn wir uns frühzeitig *melden*, sind die Termine noch nicht ausgebucht.
Wenn die Klasse 8a *zustimmt*, befragen wir sie zu ihren Erfahrungen.

Seite 74

1 **a., b. und c.**
, weil ich mich für die Arbeit mit Holz *interessiere*.

2 **a., b. und c.**
Ich möchte die Firma Bootsbau besuchen, weil ich verschiedene Werkstoffe kennenlernen *kann*.
Jolanda und ich schlagen das Kurhotel vor, weil uns der Bäderbereich *interessiert*.
Ich wünsche mir einen Besuch der Molkerei, weil ich das Labor für Milch und Käse spannend *finde*.

3 Nuria ist gegen eine Betriebserkundung, weil die meisten Betriebe zu weit weg sind.
Nuria ist gegen eine Betriebserkundung, weil sie sowieso Schornsteinfegerin werden will.

Seite 75

1 **a., b. und c.**
Es ist wichtig, dass man handwerklich genau *arbeitet*.
Ihr seht hier, dass wir Brunnen und Treppen *herstellen*.
Es freut mich, dass ihr viel Interesse an diesem Beruf *habt*.
Viele wissen nicht, dass der Beruf zu den ältesten der Welt *gehört*.

2 **a. und b.**
Ich habe gelernt, dass die Ausbildung drei Jahre dauert.
Es gefällt mir, dass ein Steinmetz mit Maschinen und mit der Hand arbeitet.
Ich freue mich darüber, dass ich selbst einen kleinen Stein bearbeiten durfte.
Ich bin überrascht, dass dieser alte Beruf so unbekannt ist.

2 a., b. und c.

Der Laptop, der weiß ist, gehört Ilonka.

Das Headset, das blau ist, gehört Ilonka.

Die CD-Box, die grün ist, gehört Ilonka.

Der Laptop, der schwarz ist, gehört Alex.

Das Headset, das weiß ist, gehört Alex.

Die CD-Box, die gelb ist, gehört Alex.

3 Mike will sein Handy, das ganz neu ist, ausprobieren. Er schreibt an seinen Freund, der sein bester Kumpel ist, eine SMS.

2 *1. Absatz:* Die Untersuchung zur Mediennutzung von Jugendlichen
2. Absatz: Die Ergebnisse der Befragung

3 *Diese Schlüsselwörter könntest du markiert haben:*
1. Absatz: Medien, Jugendlichen, Freizeit, am wichtigsten, 2000 Jugendliche, Alter von 12 bis 19 Jahren, verschiedene Medien, chillen, allein, Familie, Freunden
2. Absatz: Internet, Fernseher, MP3-Player, beim Chillen fast gleich, allein, Internet, Fernseher, Familie, Freunde, Handy und MP3-Player

4 In der Grafik geht es darum, wie wichtig verschiedene Medien den Jugendlichen in der Freizeit sind.
Blau: Fernsehen
Grün: Internet
Rot: Handy
Schwarz: MP3-Player/CD
Die Punkte auf den Linien geben an, wie viel *Prozent* der Jugendlichen welches Medium in der *Freizeit* nutzen.

5 Wenn Jugendliche allein sind, nutzen sie am liebsten *das Internet*.
Besonders wichtig ist für Jugendliche *das Fernsehen*, wenn sie mit ihrer Familie zusammen sind.
Beim Zusammensein mit Freunden sind *Handy* und *MP3-Player* sehr wichtig.

1 ① die Bratpfanne
② der Kochtopf
③ die Pfeffermühle
④ die Kochmütze
⑤ das Küchenmesser
⑥ der Einkaufskorb

2 einen Speiseplan aufstellen
verschiedene Gerichte kochen und braten
beim Händler frische Lebensmittel einkaufen
Zutaten wie Fleisch, Gemüse oder Fisch putzen und zerkleinern
benutzte Küchengeräte reinigen
Gerichte beim Kochen abschmecken
das Essen auf den Tellern anrichten

3 *Dies könntest du geschrieben haben:*
Der Koch stellt einen Speiseplan auf. Außerdem kauft er beim Händler frische Lebensmittel ein. Er kocht und brät verschiedene Gerichte. Dafür putzt und zerkleinert er Fleisch, Gemüse oder Fisch. Beim Kochen schmeckt er die Gerichte ab. Er richtet das Essen auf den Tellern an. Zum Schluss reinigt er die benutzten Küchengeräte.

1 a. und b.
Für das Geocaching *benötigt man* einen Zugang zum Internet und ein GPS-Gerät.

2 a. und b.
Jetzt geht die Suche draußen los.

3 a. Jetzt
b. Dann

1 Vera meint, dass soziale Netzwerke nicht gut sind.
Filip meint, dass soziale Netzwerke gut sind.

2 a. und b.

Argumente für soziale Netzwerke	Argumente gegen soziale Netzwerke
mit Freunden treffen und chatten	persönliche Daten für alle erreichbar
Angaben können geschützt weiter gegeben werden	Daten werden verkauft
Menschen aus aller Welt kennenlernen	schlimme Dinge können verbreitet werden
	Firmen erkundigen sich im Internet

3 Firmen können im Netzwerk persönliche Informationen über einen Bewerber erfahren (auch Lügen!) und lehnen diesen dann für einen Arbeitsplatz ab.

1 *Diese Schlüsselwörter könntest du markiert haben:*
41-jähriger Familienvater, hinter dem Ofen, Lederetui, Schmuck, mehrere Tausend Euro, Fundbüro, sechs Monaten, Schmuck behalten, Finderlohn

2 *Diese Fragen könntest du notiert haben:*
Wer hat den Schmuck versteckt?
Warum hat ihn jemand versteckt?
Wem gehört der Schmuck? Wo kommt er her?
Wie lange lag der Schmuck dort?

1 die Schönheit, die Fähigkeit, die Wohnung, das Gefängnis

2 zum Fangen, beim Fliegen

3 nichts Besonderes, etwas Störendes

4 Spinnennetze

Das Netz einer Spinne ist für manche Leute nichts Besonderes oder sogar etwas Störendes. Andere finden, dass ein Spinnennetz eine Schönheit ist. Spinnen besitzen die Fähigkeit, diese kunstvollen Netze mit Hilfe von Fäden aus einer Drüse selbst herzustellen. Ein Spinnennetz ist nicht die Wohnung einer Spinne. Es dient der Spinne zum Fangen von Beutetieren. Wenn ein Insekt beim Fliegen in das Netz einer Spinne gerät, bleibt es in diesem klebrigen Gefängnis hängen. Die Spinne klebt in ihrem Netz aber nicht fest.

Seite 84

1 Es war eine besondere Einrichtung, da die Kleinen häufig den ganzen Tag im Wald sind.

2 a. und b.
unterhält – unterhalten, lächelte – lachen

3 a. und b.
träume – der Traum, häufig – der Haufen, ein Gebäude – bauen

4 der Tag – die Tage, der Wald – die Wälder, gab – geben, streng – strenger, der Zwerg – die Zwerge, lieb – lieber, häufig – häufiger

Seite 85

1 a. und b.
Ein Witz
Anton fragt Papa: „Weißt du, was wir heute in Chemie gemacht haben?"
Der Vater antwortet: „Erzähl!"
Anton sagt: „Wir haben etwas über Sprengstoff gelernt."
Der Vater fragt: „Und was macht ihr morgen in der Schule?"
Anton fragt zurück: „Welche Schule?"

2 Anton geht zu Papa, weil er ihm etwas erzählen möchte.
Anton ist aufgeregt, weil im Chemieunterricht etwas passiert ist.
Papa hört Anton zu, obwohl er lieber seine Zeitung lesen würde.
Das Schulgebäude gibt es nicht mehr, weil es im Chemieunterricht mit Sprengstoff zerstört worden ist.
Der Witz ist lustig, obwohl eigentlich etwas Schlimmes passiert ist.

Seite 86

1 Moderne Papierherstellung
In einer modernen Papierfabrik *werden* heute am Tag etwa 1.600 Tonnen Papier *hergestellt*. Das reicht, um 2.600 Fußballfelder mit Papier auszulegen.
Für das meiste Papier *wird* heute Holz *verarbeitet*.
Das fertige Papier *wird* zunächst auf Rollen *gewickelt*. Anschließend *wird* ein Teil davon für verschiedene Produkte *geschnitten*. Oft *wird* das Papier aber auch in ganzen Rollen *verkauft*. In dieser Fabrik *werden* jeden Tag ungefähr 100 LKW-Ladungen Papier *ausgefahren*.

2 Ein chinesischer Experte berichtet
Bei uns im alten China *wurden* die ersten Papierbögen vor mehr als 2.000 Jahren einzeln *gefertigt*. Aus den Fasern des Maulbeerbaums oder aus der Hanfpflanze *wurde* durch Stampfen in Steinmörsern und unter Zugabe von Wasser ein Brei *hergestellt*. Dieser Brei *wurde* dann durch ein Sieb *gegossen*. Anschließend *wurde* die Masse zum Trocknen in die Sonne *gestellt*. Zum Schluss *wurde* das Papier mit Steinen *geglättet* und die einzelnen Bogen *wurden* mit Färbemitteln *behandelt*.

Seite 87

1 a., b. und c.
Wenn ich das Fahrrad *nehme*, komme ich pünktlich in die Schule. Wenn unsere Mannschaft *gewinnt*, nehmen wir an der Schulmeisterschaft teil.
Wenn es morgen *regnet*, fällt unser Wandertag aus.

2 Rafik glaubt an den Sieg seiner Mannschaft, weil alle Mitspieler viel *trainiert haben*. Beim letzten Spiel wurde niemand verletzt, weil alle Spieler fair *waren*. Sie können sich auf das Spiel freuen, weil sich alle gut *vorbereitet haben*.

3 Luis ist beeindruckt, dass so viele Tore *fallen*.
Ayshe ist überrascht, dass die Stimmung in der Halle großartig *ist*. Orhan wettet, dass Rafiks Mannschaft *gewinnt*.

Verben verwenden

Im Passiv beschreiben (Präsens)

Papier wird nicht nur aus Holz hergestellt.

In einer besonderen Papierfabrik

☐ Zuerst wird frischer Elefantendung eingesammelt und getrocknet.

☐ Der getrocknete Dung wird dann lange mit Wasser gespült.
So werden die Pflanzenfasern gewonnen.

☐ Diese groben, geruchlosen Fasern werden gekocht.

☐ Die Masse wird auf einem Sieb in einem Holzrahmen verteilt.

☐ Der Rahmen wird zum Trocknen in die Sonne gestellt.

☐ Zum Schluss wird das Papier vom Rahmen abgezogen und zu Karten,
Heften oder Schachteln verarbeitet.

1 Woraus wird Papier noch hergestellt? Schreibe einen Satz auf.

2 Welches Bild passt jeweils zu den einzelnen Schritten in der Fabrik?
  a. Sieh dir noch einmal die Bilder an.
  b. Lies noch einmal den Text.
  c. Trage in die Kästchen neben dem Text die passenden Buchstaben
    der Bilder ein.
    Tipp: Die Buchstaben ergeben ein Lösungswort.

In der Fabrik **werden** viele Arbeitsschritte **erledigt**, damit Papier entsteht.

3 Was genau **wird** in der Fabrik alles **getan**?
   a. Im Text sind schon Verbformen hervorgehoben.
   Markiere alle weiteren Verbformen.
   b. Schreibe die Verbformen mit Personalpronomen vollständig auf.

er wird eingesammelt, er wird _____

_____

_____

_____

Aus Elefantendung **werden** viele Bogen handgeschöpftes Papier **hergestellt**.

4 Trage passende Verbformen vom Rand in die Sätze ein.

Aus Tiermist _____ Papierbogen _____ .

Der Rohstoff für 100 Bogen Papier _____ täglich

von nur einem Elefanten _____ .

Das Besondere dabei: Jeder Papierbogen _____ einzeln

mit der Hand _____ .

> werden gemacht
> wird geliefert
> wird gefertigt

5 Was wird mit dem Papier anschließend gemacht?
   Bilde mit Hilfe der Satzschalttafel Sätze im Passiv.
   Schreibe sie auf.

Das Papier wird an die Touristen _____

_____

_____

Das Papier	wird	an die Touristen	verkauft.
Die Masse		mit Naturfarben	gefärbt.
Die fertigen Produkte	werden	bis nach Deutschland	

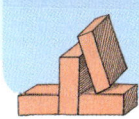

Im Passiv berichten (Präteritum)

Ramesh aus der Klasse 7d berichtet für die Schülerzeitung, wie mit seiner Hilfe Papier gemacht wurde.

Mist!

Bei meinem Urlaub in Nepal wurde ich in eine besondere kleine Fabrik eingeladen. Vor meinen Augen wurde dort aus frischem Elefantenmist Papier gemacht.
Zuerst wurde der Mist gewaschen und gekocht. Und dann
5 wurde ich aufgefordert mitzumachen! Davon wurde mir vorher aber gar nichts gesagt! Es war zum Glück nicht schlimm und ich wurde am Ende toll belohnt: Mein selbst gemachter Bogen Papier wurde in dem Laden neben der Fabrik ausgestellt. „Made by Ramesh from Germany" wurde auf ein kleines Schild
10 aus Elefantenpapier geschrieben. Da war ich stolz!

1 Was wurde mit dem Bogen Papier gemacht, den Ramesh hergestellt hat? Schreibe die Antwort aus dem Text ab.

Er wurde _____ .

2 Was hat Ramesh im Urlaub erlebt? Was hat er beobachtet?
   a. Im Text sind schon Verbformen im Passiv hervorgehoben.
      Markiere alle anderen Verbformen im Passiv.
   b. Schreibe Stichworte aus Rameshs Bericht auf. Verwende dabei die Verbformen.

er wurde in eine Fabrik eingeladen, dort wurde Papier _____

_____

_____

3 In jedem der folgenden Sätze steckt ein inhaltlicher Fehler. Finde den Fehler und schreibe den Satz dann richtig auf. Markiere die Verbformen im Passiv.

Ramesh wurde ins Schwimmbad eingeladen.
Dort wurde aus frischen Erdbeeren Papier hergestellt.
Rameshs selbst gemachtes Papier wurde im Laden neben der Fabrik verkauft.

_____

_____

_____

_____

Jana ist begeistert von Rameshs Artikel über das Elefantendungpapier.
Sie liest noch mehr über das Thema im Internet.

4 Im folgenden Bericht erfährst du etwas über die Vorteile von Papier aus Elefantendung.
Trage die passenden Passivformen vom Rand in die Lücken ein.

Durch die Herstellung von Papier aus Elefantendung ___*wurde*___

schon viel Gutes für den Erhalt der Elefanten ___*getan*___ .

Bisher _____ Elefanten wegen des Elfenbeins leider

oft von Wilderern _____ , aber

durch das neue Papier _____

eine neue Einnahmequelle _____ .

Nun _____ auch mit lebenden Elefanten Geld _____ .

Neben dem Tierschutz _____ auch etwas für die Umwelt _____ .

Es _____ neue Möglichkeiten _____ , Papier

aus anderem Material als Holz herzustellen.

Der Dung *aller* vegetarischen Tiere könnte Papier liefern. In Australien

_____ bereits der Versuch _____ , Papier

aus Kängurudung herzustellen!

> wurde entdeckt
> wurde erreicht
> wurden gejagt
> wurden gefunden
> wurde gestartet
> ~~wurde getan~~
> wurde verdient

5 **a.** Wähle fünf Verben von Aufgabe 4 aus.
b. Schreibe damit Sätze auf. Verwende das Passiv im Präteritum.

Der Bankräuber wurde von der Polizei gejagt.

→ Das kann ich! Seite 86

Adverbien verwenden

Adverbien des Ortes

Wer war der erste deutsche Rapper?

Ungefähr im Jahr 1970 entstand eine neue Musik
irgendwo in den Gettos[1] von New York.
Auf Partys unterhielten da junge Leute die Gäste
mit ihren Sprechgeschichten zur Musik der DJs.
5 Hier verdanken wir die Musik dem Moderator
Thomas Gottschalk. 1980 arbeitete er
bei Radio Luxemburg. Dorthin lud er
seine Freunde ein. Gemeinsam rappten sie dort
zum ersten Mal auf Deutsch. Immerhin kletterte
10 ihr Lied bis auf Platz 49 der Charts.

1 Im Text sind einige Adverbien des Ortes schon
hervorgehoben.
  a. Markiere weitere Adverbien des Ortes im Text.
  b. Trage die Adverbien dann in die Tabelle ein.
    Tipps: • Die Fragen **Wo?**, **Woher?** und **Wohin?** helfen dir.
    • Adverbien werden kleingeschrieben.

> **Merkwissen**
>
> **Adverbien des Ortes** sind
> Wörter, die ausdrücken,
> **wo** etwas geschieht:
> *überall, hier*.
> Adverbien des Ortes
> antworten auf die Fragen
> **Wo?**, **Woher?**, **Wohin?**

Adverbien des Ortes (Wo?)	Adverbien des Ortes (Woher? Wohin?)

2 Trage auch diese Adverbien des Ortes in die passende Spalte der Tabelle ein.

drinnen, hinaus, hinunter, nirgends, überall, vorwärts

Z 3 Schreibe fünf Sätze mit Adverbien des Ortes
aus der Tabelle in dein Heft.

> **Starthilfe**
>
> Das Lied habe ich schon
> einmal irgendwo …

[1 **das Getto:** ein abgeschlossenes Wohnviertel

Adverbien der Zeit

Rap bedeutet „pochen"

Rapper sind _____ die

wichtigsten Mitglieder einer Rap-Band.

Jedoch war _____ der DJ

der eigentliche Star.

Er bewegte _____

auf den Partys das Publikum mit seiner Musik.

Die ersten Hip-Hop-Partys fanden _____

noch ohne Rapper statt. _____ begannen

Rapper auf diesen Partys, ihre Geschichten

zu den Beats der DJs zu rappen.

> heute
> nachts
> früher
> damals
> später

---

1 **a.** Ergänze den Lückentext mit passenden Adverbien der Zeit vom Rand.
b. Schreibe den vollständigen Text in dein Heft. Markiere die Adverbien der Zeit.

2 **a.** Welche Adverbien der Zeit passen in folgende Sätze? Setze sie ein.
Tipp: Es gibt mehrere Möglichkeiten.
b. Streiche alle Wörter durch, die du verwendet hast.
c. Schreibe mit den restlichen Wörtern eigene Sätze auf.

> **Merkwissen**
>
> **Adverbien der Zeit** sind Wörter, die ausdrücken, **wann** etwas geschieht: *bald, morgens*.
> Adverbien der Zeit antworten auf die Fragen **Wann?**, **Wie lange?** oder **Wie oft?**

bald, endlich, immer, jetzt, lange, manchmal, montags, neulich, oft, selten

Unsere Lehrerin hat versprochen, dass wir _____ im Unterricht rappen.

Ich trage dann einen Song vor, den ich _____ selbst geschrieben habe.

_____ hören auch meine Eltern Hip-Hop. Toll, dass wir _____

in der Schule Hip-Hop hören. Wir haben alle _____ darauf gewartet!

Satzglieder verwenden

Subjekt, Prädikat und Objekte

Im Schloss von Lady Anne lief alles wie jeden Morgen.
Bis ein Diebstahl entdeckt wurde ...

Papagei gestohlen

Kammerzofe Jane betrat den Salon.

Sie machte eine schreckliche Entdeckung.

Der wertvolle Papagei saß nicht in seinem Käfig.

Jane weckte Lady Anne.

Jane sagte dem Butler Bescheid.

1 Wer betrat den Salon? Wer machte ... ?
  a. Frage jeweils mit **Wer oder was?** nach dem Subjekt.
  b. Markiere die Subjekte im Text.

Merkwissen

Satzglieder kannst du erfragen.

Mit **Wer oder was?** fragst du nach dem Subjekt.

Mit **Was tut?** fragst du nach dem Prädikat.
Mit **Wem?** fragst du nach dem Dativobjekt.
Mit **Wen oder was?** fragst du nach dem Akkusativobjekt.

Der Butler rief die Polizei.
Inspektor Brown wollte alles genau wissen.

2 Der Inspektor fragte den Butler: „**Was tat** Kammerzofe Jane im Salon?"
  a. Beantworte die Frage des Inspektors in vollständigen Sätzen.
  b. Markiere die Prädikate im Text.

Sie betrat den Salon. Sie

Sie

Sie

3 Der Inspektor notierte alles genau.
  a. Welche Fragen stellte er Jane? Lies die Antworten.
  b. Schreibe die Fragen mit Hilfe des Textes auf.
    Frage mit **Wen oder was?** oder mit **Wem?**
  c. Markiere die Akkusativobjekte und das Dativobjekt im Text.

Wen oder was betrat Kammerzofe Jane? den Salon

? eine schreckliche Entdeckung

? Lady Anne

? dem Butler

69

Adverbiale Bestimmungen des Ortes und der Zeit

Der Inspektor rief die Spurensicherung.

Die Männer fotografierten <u>zuerst</u> den Tatort. Sie sicherten die Fingerabdrücke <u>im ganzen Raum</u>. Sie fanden Papageienfedern <u>unter dem Fenster</u>. Sie informierten <u>dann</u> den Inspektor.

1 Wann fotografierten ... ? Wo sicherten .... ?
  a. Frage mit **Wo?** und **Wann?** nach den adverbialen Bestimmungen von Ort und Zeit.
  b. Schreibe die Fragen und die Antworten auf.

  Wann fotografierten die Männer den Tatort? Zuerst.

> **Merkwissen**
>
> Du kannst weitere Satzglieder erfragen. Mit <u>Wann?</u> fragst du nach der <u>Zeit</u>. Mit <u>Wo?</u> oder <u>Wohin?</u> fragst du nach dem <u>Ort</u>.

Durch Umstellen von Satzgliedern kannst du einen Text interessanter machen.

2 Stelle die Sätze um, sodass der Text interessanter klingt. Schreibe den Text auf.
  Tipp: Probiere aus, welche Umstellung den Satz am besten betont.

  Zuerst fotografierten die Männer den Tatort. Im

Vom Butler erfuhr Inspektor Brown mehr über den Papagei.

3 Schreibe in die Lücken passende adverbiale Bestimmungen.

> bereits
> damals
> seitdem
> in einem Zoogeschäft

  _____ kaufte Lady Anne den Papagei vor vielen Jahren.

  Eine Menge Geld bezahlte sie _____ .

  Viele komische Sätze sprach der Papagei _____ .

  Lady Anne brachte er _____ viel Spaß.

4 Stelle die Sätze aus Aufgabe 3 um. Probiere aus, wie sie am besten klingen. Schreibe die umgestellten Sätze in dein Heft.

Satzglieder erweitern

**Die Fingerabdrücke im Salon gehörten dem Butler und der Kammerzofe Jane.
Inspektor Brown machte sich Notizen zu den Verdächtigen.**

Der alte, treue Butler James ist ein ehrlicher und fleißiger Mann.

1 Schreibe den Satz ohne die hervorgehobenen Wörter auf.

2 Welche Wörter geben zusätzliche Informationen zu **James** und **Mann**?
Schreibe diese Wörter auf.

3 a. Ergänze die Satzglieder mit den Wörtern und Wortgruppen vom Rand.
b. Schreibe die Sätze dann auf.

Kammerzofe Jane versorgt den Papagei.

Die junge   Kammerzofe Jane versorgt den   _kostbaren_   Papagei.

Jane vergisst oft ihre Aufgaben.

_Die_____ Jane vergisst oft ihre _____ Aufgaben.

| einzige |
| ersten |
| ~~junge~~ |
| ~~kostbaren~~ |
| plappernde |
| scharfsinnige |
| vielen |
| zerstreute |

Der Papagei ist der Freund von Lady Anne.

Der _____ Papagei ist der _____ Freund von Lady Anne.

Der Inspektor hat einen Verdacht.

Der _____ Inspektor hat einen _____ Verdacht.

4 Stelle die Sätze aus Aufgabe 3 um.

Den kostbaren Papagei versorgt die junge Kammerzofe Jane.

Satzglieder ersetzen

Inspektor Brown fasste seine Ermittlungsergebnisse zusammen.

- 1 Jane erledigt die Arbeiten oft im Salon.
- 2 Jane lüftet das Zimmer regelmäßig.
- 3 Jane füttert den hungrigen Papagei jeden Tag.
- 4 Dauernd putzt Jane den Käfig.
- 5 Manchmal vergisst Jane ihre Aufgaben.

1 a. Wie heißt das Subjekt in Satz 1 bis 5 ? Das Subjekt heißt: _____

b. Du kannst das Subjekt und andere Satzglieder durch Personalpronomen ersetzen.
Probiere es aus.

2 In den folgenden Sätzen wurden die Subjekte und die Objekte
durch Personalpronomen ersetzt.

a. Ordne die Sätze den Sätzen von oben zu.
b. Trage die passende Nummer in die Kästchen ein.

☐ Dauernd putzt sie ihn.
☐ Sie lüftet es regelmäßig.
☐ Sie füttert ihn jeden Tag.
☐ Sie erledigt sie oft im Salon.
☐ Manchmal vergisst sie sie.

c. Schreibe die farbig markierten Wörter auf.
Welche Satzglieder ersetzen sie? Schreibe sie dazu.

1 sie – Jane (Subjekt); die – die Arbeiten (Akkusativobjekt)

2 _____

_____

_____

_____

Du kannst Satzglieder durch andere Wörter oder Wortgruppen ersetzen.
So kannst du erkennen, welche Wörter oder Wortgruppen zu einem Satzglied gehören.

3 a. Ersetze die markierten Satzglieder durch Personalpronomen.
b. Schreibe die neuen Sätze in dein Heft.

Jane ließ das Fenster offen stehen.
Der Papagei nutzte die günstige Gelegenheit.
Der Papagei flog nach draußen.
Jane bemerkte die Flucht nicht.
Ob der Papagei wohl ins Schloss zurückkommt?

> sie (4x)
> er (3x)
> es (1x)

Satzgefüge verwenden

Nebensätze mit wenn

Die Klasse 7c plant eine Betriebserkundung.

Wir erkunden einen Betrieb, wenn wir uns auf ein Ziel einigen.

1 Unter welcher Bedingung macht die 7c eine Betriebserkundung?
   a. Markiere in der Sprechblase die Bedingung, also den **wenn**-Satz.
   b. An welcher Stelle steht das gebeugte Verb im **wenn**-Satz? Markiere es.
   c. Kreise das Komma ein.

> **Merkwissen**
>
> Mit Hilfe eines **Bindeworts** (einer Konjunktion) wie **wenn** kann man Sätze verbinden. Es entsteht ein **Satzgefüge**. Der Satz mit **wenn** ist ein **Nebensatz**.

Die Schülerinnen und Schüler beraten miteinander.

2 a. Verbinde den Nebensatz mit **wenn** mit dem passenden Hauptsatz.
   b. Schreibe die kompletten Sätze auf.
   c. Markiere das Komma und das Verb im Nebensatz.

> **Merkwissen**
>
> Nebensätze mit **wenn** geben eine **Bedingung** an. Zwischen Nebensatz und Hauptsatz steht ein **Komma**. Das **gebeugte Verb** steht im **Nebensatz am Ende**.

Wenn der Betrieb in unserer Nähe ist, ——— sind die Termine noch nicht ausgebucht.

Wenn wir die Vorschläge sortieren, können wir ihn leicht erreichen.

Wenn wir uns frühzeitig melden, befragen wir sie zu ihren Erfahrungen.

Wenn die Klasse 8a zustimmt, bekommen wir einen besseren Überblick.

Wenn der

Nebensätze mit weil

Der Klassensprecher sammelt Wünsche für die Betriebserkundung.

Ich möchte gern eine Tischlerei besuchen, weil ich mich für die Arbeit mit Holz interessiere.

Karim

1 Warum möchte Karim eine Tischlerei besuchen?
- a. Markiere in der Sprechblase den **weil**-Satz.
- b. An welcher Stelle steht das gebeugte Verb im **weil**-Satz? Markiere es.
- c. Kreise das Komma ein.

In der Klasse gibt es viele Wünsche für die Betriebserkundung.

2 Wie begründen die Schülerinnen und Schüler ihre Wünsche?
- a. Verbinde jeweils zwei Sätze mit **weil**. Schreibe sie auf.
- b. Markiere das gebeugte Verb in jedem **weil**-Satz.
- c. Kreise die Kommas ein.

Ich möchte die Firma Bootsbau besuchen. Dort kann ich verschiedene Werkstoffe kennenlernen.

Jolanda und ich schlagen das Kurhotel vor. Der Bäderbereich interessiert uns.

Ich wünsche mir einen Besuch der Molkerei. Ich finde dort das Labor für Milch und Käse spannend.

Ich möchte die Firma Bootsbau besuchen, weil ich

Nuria ist gegen eine Betriebserkundung.

3 Warum ist Nuria gegen eine Betriebserkundung?
Bilde Sätze mit **weil** und schreibe sie auf.

Die meisten Betriebe sind zu weit weg.
Ich will sowieso Schornsteinfegerin werden.

Nuria

Nebensätze mit dass

Die Klasse 7c besucht einen Steinmetzbetrieb.
Der Eigentümer vermittelt viele spannende Einblicke
in diesen Beruf.

Es ist wichtig,	dass wir Brunnen und Treppen herstellen.
Ihr seht es hier,	dass man handwerklich genau arbeitet.
Es freut mich,	dass der Beruf zu den ältesten der Welt gehört.
Viele wissen nicht,	dass ihr viel Interesse an diesem Beruf habt.

1 Was erzählt der Steinmetz über seinen Beruf?
   a. Ordne die **dass**-Sätze den passenden Satzanfängen zu.
      Schreibe vollständige Sätze auf.
   b. An welcher Stelle steht das gebeugte Verb im **dass**-Satz?
      Markiere alle gebeugten Verben in den **dass**-Sätzen.
   c. Kreise die Kommas ein.

Es ist wichtig, dass man

2 Was hat Tido bei der Betriebserkundung gelernt?
   a. Verbinde zwei Sätze mit **dass** zu einem Satzgefüge.
   b. Schreibe das Satzgefüge auf.
      Tipp: Achte auf die Verbstellung im Nebensatz und auf das Komma.

Ich habe gelernt.	Die Ausbildung dauert drei Jahre.
Es gefällt mir.	Ein Steinmetz arbeitet mit Maschinen und mit der Hand.
Ich freue mich darüber.	Ich durfte selbst einen kleinen Stein bearbeiten.
Ich bin überrascht.	Dieser alte Beruf ist so unbekannt.

Ich habe gelernt, dass die Ausbildung drei Jahre dauert.

Es gefällt mir,

Relativsätze verwenden

Mit Relativsätzen kannst du die Gegenstände
von Ilonka und Alex genauer beschreiben.

Merkwissen

Die Relativpronomen **der**, **das**,
die, **die** leiten **Relativsätze** ein.
Zwischen Hauptsatz und
Relativsatz steht ein **Komma**.

1 Was steht oder liegt auf den Schreibtischen von Ilonka und Alex?
Schreibe die Nummern der folgenden Wortgruppen zu den Gegenständen.

ein Laptop, der weiß ist 1   ein Headset, das blau ist 2

eine CD-Box, die grün ist 3   ein Laptop, der schwarz ist 4

ein Headset, das weiß ist 5   eine CD-Box, die gelb ist 6

2 Welche Gegenstände gehören Ilonka?
Welche Gegenstände gehören Alex?
  a. Schreibe Sätze mit Hilfe der Wortgruppen aus Aufgabe 1 auf.
  b. Verbinde jeweils das **Relativpronomen** mit dem Wort, auf das es sich bezieht.
  c. Kreise die Kommas ein.

Der Laptop, der weiß ist, gehört Ilonka.

3 Erkläre das Nomen aus dem ersten Satz durch einen **Relativsatz** genauer.
Verwende dabei die Angaben aus dem zweiten Satz.
Schreibe die Satzgefüge auf.
Tipp: Das gebeugte Verb steht im Relativsatz immer am Ende.

Mike will sein Handy ausprobieren.   Das Handy ist ganz neu.

Er schreibt an seinen Freund eine SMS.   Der Freund ist sein bester Kumpel.

Den Textknacker anwenden

? Welche Medien sind für Jugendliche in der Freizeit wichtig?
Mit dem Textknacker kannst du den Sachtext knacken.

1 Lies den Text mit den Textknacker-Schritten 1 bis 3.

1. Vor dem Lesen
2. Das erste Lesen
3. Den Text genau lesen

📖 Elektronische Medien sind angesagt

Meine
Punkte:

/2

Wissenschaftler haben untersucht, welche Medien den Jugendlichen in ihrer Freizeit
am wichtigsten sind. Dazu befragten sie etwa 2000 Jugendliche im Alter
von 12 bis 19 Jahren. Die Jugendlichen sollten bei der Untersuchung angeben, wie
wichtig verschiedene Medien sind, wenn sie chillen[1], wenn sie allein sind, wenn sie
5 mit der Familie zusammen sind und wenn sie mit Freunden zusammen sind.

/2

Überraschend war für die Wissenschaftler bei der Auswertung der Ergebnisse, dass
die Jugendlichen das Internet, den Fernseher und den MP3-Player beim Chillen
fast gleich gerne verwenden. Sind Jugendliche allein, ist dagegen das Internet für
sie am wichtigsten. Das Fernsehen liegt dann auf dem zweiten Platz.
10 Zum wichtigsten Medium wird das Fernsehen, wenn die Jugendlichen
mit der Familie zusammen sind. Und welches Medium ist wichtig,
wenn Jugendliche mit Freunden zusammen sind? Dann liegen Handy
und MP3-Player etwa gleich auf. Die Grafik zeigt die Ergebnisse noch genauer.

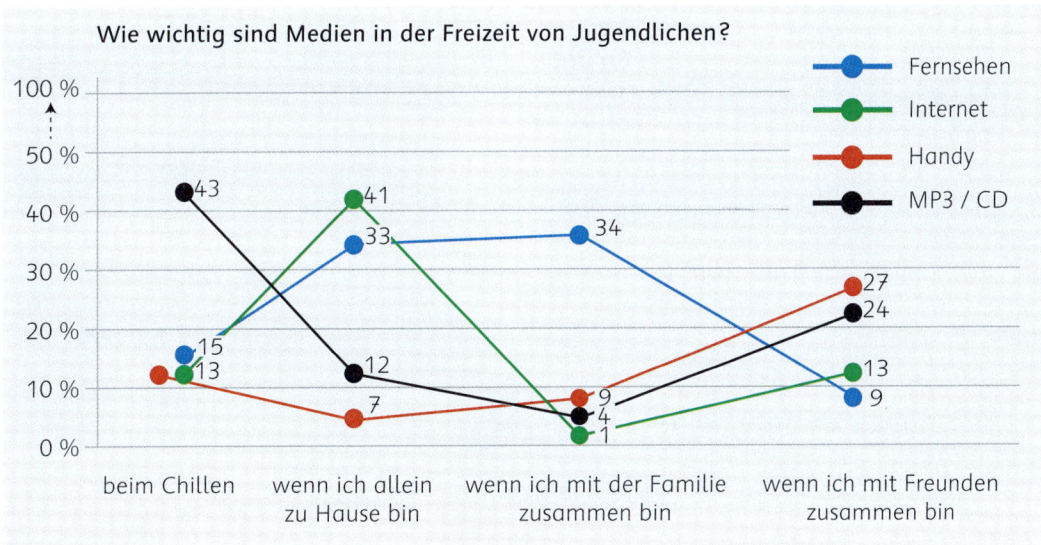

Absätze gliedern den Text.

2 Finde für jeden Absatz eine passende Überschrift.
Schreibe die Zwischenüberschriften auf die Linien im Text.

/4

[1] **chillen:** sich erholen (Ausdruck aus der Jugendsprache)

Schlüsselwörter sind die wichtigsten Wörter in einem Text.

3 Markiere in jedem Absatz die Schlüsselwörter.
Diese Fragen helfen dir dabei:

• Was wollten die Wissenschaftler herausfinden?

/1

• Wer wurde befragt?

/2

• Was sollten die Jugendlichen angeben?

/5

• Was war für die Wissenschaftler überraschend?

/2

• Welches Medium ist für Jugendliche am wichtigsten,

– wenn sie allein sind?

/2

– wenn sie mit der Familie zusammen sind?

/2

– wenn sie mit Freunden zusammen sind?

/2

Die Grafik erklärt die Aussagen im Text genauer.

4 Sieh dir die Grafik noch einmal genau an.
Beantworte diese Fragen zur Grafik:

• Worum geht es in der Grafik?

_____

/3

• Was bedeuten die Farben in der Grafik?

Blau: _____ Grün: _____

/4

Rot: _____ Schwarz: _____

• Was geben die Punkte auf den Linien an?

Die Punkte auf den Linien geben an, wie viel _____ *der Jugendlichen*

welches Medium in der _____ *nutzen.*

/2

5 Ergänze den Lückentext mit Hilfe deiner Ergebnisse.

Wenn Jugendliche allein sind, nutzen sie am liebsten _____ .

Besonders wichtig ist für Jugendliche _____ ,

/4

wenn sie mit der Familie zusammen sind. Beim Zusammensein mit Freunden sind

_____ *und* _____ *sehr wichtig.*

von Seite

/4

/33

Meine Gesamtpunktzahl:

☐ **von 33**

28–33 Punkte:
Super!

18–27 Punkte:
Das kann ich noch
besser. Ich übe weiter!

0–17 Punkte:
Ich arbeite die Seiten
5 bis 10 noch einmal durch.

Tätigkeiten beschreiben

Pit ist Koch. Du kannst die Tätigkeiten
in seinem Beruf beschreiben.

① _____

② _____

③ _____

④ _____

⑤ _____

⑥ _____

1 Welche Gegenstände gehören zu Pits Beruf?
Schreibe die Nomen mit ihren Artikeln auf die Linien.

**Meine
Punkte:**

/6

2 Was sind typische Tätigkeiten eines Kochs?
Verbinde die Verben mit den passenden Wortgruppen.

einen Speiseplan	kochen und braten
verschiedene Gerichte	aufstellen
beim Händler frische Lebensmittel	reinigen
Zutaten wie Fleisch, Gemüse oder Fisch	putzen und zerkleinern
benutzte Küchengeräte	einkaufen
Gerichte beim Kochen	anrichten
das Essen auf den Tellern	abschmecken

/7

3 Was tut ein Koch in seinem Beruf?
Lies noch einmal die Angaben aus Aufgabe 2.
Schreibe dann vollständige Sätze auf.

/14

/27

23–27 Punkte:
Super!

15–22 Punkte:
Das kann ich noch
besser. Ich übe weiter!

0–14 Punkte:
Ich arbeite die Seiten
13 bis 16 noch einmal durch.

Eine Vorgangsbeschreibung überarbeiten

Vasili hat eine Vorgangsbeschreibung zur modernen Schatzsuche, dem Geocaching, geschrieben. Du kannst sie noch verbessern.

Moderne Schnitzeljagd

1 *Für das Geocaching benötige ich einen Zugang zum Internet und ein GPS-Gerät. Zuerst loggt man sich im Internet ein und lässt sich in der Datenbank für das Geocaching registrieren. Dann sucht man sich dort einen versteckten Schatz in der Nähe aus. Man gibt die Koordinaten des Schatzes aus dem Internet in ein GPS-Gerät ein.*

2 *Jetzt bereitet man alles für den Ausflug vor: Man braucht wetterfeste Kleidung, das GPS-Gerät und kleine Gegenstände zum Tauschen. Jetzt ging die Suche draußen los. Mit Hilfe des GPS-Geräts findet man die richtige Position von dem Versteck. Dort liegt ein Behälter mit einigen Gegenständen und einem Logbuch. In das Buch trägt man ein, wann man diesen Behälter gefunden hat. Die Gegenstände kann man austauschen.*

Tipp 1: Verwende man.

Meine Punkte:

1 a. Streiche im Text die Stelle durch, an der **ich** steht.
Streiche auch das dazugehörige Verb durch.

/2

b. Schreibe den verbesserten Satz mit **man** und der richtigen Verbform auf:

/2

Tipp 2: Schreibe die Vorgangsbeschreibung im Präsens.

2 a. Markiere den Zeitfehler im Text.
b. Korrigiere den Satz und schreibe ihn auf.

/1

/2

Tipp 3: Gestalte die Satzanfänge abwechslungsreich.

3 a. Welcher Satzanfang wird wiederholt? _____

/1

b. Mit welchem Wort könnte der zweite Satz besser anfangen? Kreuze an.

☐ Trotzdem   ☐ Dann   ☐ Plötzlich

/2

/10

Meine Gesamtpunktzahl: ☐ **von 10**   9–10 Punkte: Super!   6–8 Punkte: Das kann ich noch besser. Ich übe weiter!   0–5 Punkte: Ich arbeite die Seiten 19 bis 21 noch einmal durch.

Stellung nehmen

Vera und Filip diskutieren über soziale Netzwerke.

Vor- und Nachteile von sozialen Netzwerken

Vera: „Alle persönlichen Daten werden gespeichert. Jeder kann
deine persönlichen Daten dann über eine Suchmaschine finden."

Filip: „Ich kann doch meine Angaben auch nur für meine Freunde
sichtbar machen."

5 **Vera:** „Das ist richtig, aber das Netzwerk speichert die Daten nicht nur,
sondern es verkauft sie sogar weiter."

Filip: „Ich finde es trotzdem gut, dass mich meine Freunde im Internet
finden können. Sie können dann beispielsweise mit mir chatten."

Vera: „Ja, aber auch andere lesen deine Einträge und schauen sich deine Fotos
10 an. Sie können zum Beispiel schlimme Dinge über dich verbreiten."

Filip: „Soziale Netzwerke sind trotzdem gut. Ich lerne gern Menschen
aus der ganzen Welt kennen."

Vera: „Die Firmen, bei denen du dich bewirbst, suchen dich im Internet."

Meine Punkte:

1 Vera und Filip haben unterschiedliche Meinungen.
Ergänze die Sätze:

_____ meint, dass soziale Netzwerke _____ sind.   /2

_____ findet, dass soziale Netzwerke _____ sind.   /2

2 **a.** Markiere alle Argumente **für** soziale Netzwerke und
alle Argumente **gegen** soziale Netzwerke unterschiedlich.
b. Schreibe die Argumente passend in die Tabelle.

Argumente **für** soziale Netzwerke	Argumente **gegen** soziale Netzwerke

/8

„Die Firmen, bei denen du dich bewirbst, suchen dich im Internet."
Warum ist das ein Argument gegen ein soziales Netzwerk?

3 Schreibe zu Veras letztem Argument ein Beispiel.

_____

_____

/5

/17

Meine Gesamtpunktzahl:

von 17

15–17 Punkte:
Super!

10–14 Punkte:
Das kann ich noch
besser. Ich übe weiter!

0–9 Punkte:
Ich arbeite die Seiten
23 bis 26 noch einmal durch.

Zu einem Text schreiben

1 Markiere wichtige Wörter der Zeitungsmeldung im Text.

Schatz entdeckt

Am Sonntag entdeckte ein 41-jähriger Familienvater hinter dem Ofen
seines neuen Zuhauses ein kleines Lederetui. Es enthielt Schmuck
im Wert von mehreren Tausend Euro. Der Mann lieferte den Fund
im städtischen Fundbüro ab. Wenn der Besitzer des Schmucks nicht
5 innerhalb von sechs Monaten ermittelt wird, darf der glückliche Finder
den Schmuck behalten. Ansonsten erhält der Mann einen Finderlohn.

Meine
Punkte:

/8

2 Welche Fragen hast du zu der Zeitungsmeldung? Schreibe sie auf.

/6

3 Wie ist der Schmuck hinter den Ofen gekommen? Und wann?
Erfinde eine Vorgeschichte. Schreibe deine Idee in zwei Sätzen auf.

/6

4 Schreibe nun eine Einleitung mit Hilfe der Fragen.
Beantworte die folgenden Fragen. Schreibe Stichworte.

Wer ist die Hauptperson? Wie heißt sie?   /2

Wo spielt die Geschichte?   /2

Wann spielt die Geschichte?   /2

5 Schreibe die Einleitung in drei Sätzen in dein Heft.   /9

Meine Gesamtpunktzahl: von 35   28–35 Punkte: Super!   19–27 Punkte: Das kann ich noch besser. Ich übe weiter!   0–18 Punkte: Ich arbeite die Seiten 35 bis 38 noch einmal durch.   /35

Rechtschreiben: Groß- und Kleinschreibung

📖 SPINNENNETZE

DAS NETZ EINER SPINNE IST FÜR MANCHE LEUTE NICHTS BESONDERES
ODER SOGAR ETWAS STÖRENDES. ANDERE FINDEN, DASS
EIN SPINNENNETZ EINE SCHÖNHEIT IST. SPINNEN BESITZEN DIE FÄHIGKEIT,
DIESE KUNSTVOLLEN NETZE MIT HILFE VON FÄDEN AUS EINER DRÜSE
5 SELBST HERZUSTELLEN. EIN SPINNENNETZ IST NICHT DIE WOHNUNG
EINER SPINNE. ES DIENT DER SPINNE ZUM FANGEN VON BEUTETIEREN.
WENN EIN INSEKT BEIM FLIEGEN IN DAS NETZ EINER SPINNE GERÄT,
BLEIBT ES IN DIESEM KLEBRIGEN GEFÄNGNIS HÄNGEN.
DIE SPINNE KLEBT IN IHREM NETZ ABER NICHT FEST.

Meine Punkte:

1 Im Text findest du Wörter mit **-ung**, **-heit**, **-keit** und **-nis**.
Es sind Nomen. Markiere sie.

/4

2 Alle Verben werden mit **zum** und **beim** zu Nomen.
Markiere **zum** und **beim** und das folgende Nomen im Text.

/2

3 Alle Adjektive werden mit **etwas** und **nichts** zu Nomen.
Markiere **etwas** und **nichts** und das folgende Nomen im Text.

/2

4 Schreibe den Text richtig auf.
Denke daran: Am Satzanfang schreibst du groß. Nomen schreibst du groß.

/26

/34

Meine Gesamtpunktzahl:

von 34

28–34 Punkte: Super!

18–27 Punkte: Das kann ich noch besser. Ich übe weiter!

0–17 Punkte: Ich arbeite die Seiten 39 bis 42 noch einmal durch.

Rechtschreiben: Wörter mit ä und äu ableiten

📖 Ein Praktikum in einer Krippe

Ich träume davon, Erzieherin zu werden. In den Ferien habe ich ein Praktikum
in einer Krippe gemacht. Es war eine besondere Einrichtung, da die Kleinen
häufig den ganzen Tag im Wald sind. Ein Gebäude gibt es nur
für schlechtes Wetter. Das sind die Aufgaben bei einem solchen Praktikum:
5 Man organisiert Spiele, man unterhält die Kleinen oder hilft ihnen beim Essen.
Zwar gab es manchmal Streit, den ich schlichten musste. Ab und zu gehorchte
ein Kind gar nicht, dann musste ich auch mal streng sein. Aber wenn so ein Zwerg
daraufhin lieb lächelte, konnte ich ihm nicht mehr böse sein.

Meine Punkte:

1 Was war das Besondere an dieser Krippe?
Markiere die Antwort im Text.

/ 2

2 Im Text findest du Wörter mit **ä**.
   a. Schreibe sie auf.
   b. Finde jeweils ein verwandtes Wort mit **a**. Schreibe es daneben.

/ 2

/ 2

3 Im Text findest du auch Wörter mit **äu**.
   a. Schreibe sie auf.
   b. Finde jeweils ein verwandtes Wort mit **au**. Schreibe es daneben.

/ 3

/ 3

Rechtschreiben: Wörter verlängern

4 Im Text findest du mehrere Wörter mit **b**, **d** oder **g** am Wortende.
   a. Schreibe sechs davon auf.
   b. Schreibe daneben die Wörter in verlängerter Form auf.

/ 6

/ 6

/ 24

Meine Gesamtpunktzahl:
   von 24

20–24 Punkte:
Super!

13–19 Punkte:
Das kann ich noch
besser. Ich übe weiter!

0–12 Punkte:
Ich arbeite die Seiten
53 bis 54 noch einmal durch.

Rechtschreiben: Zeichensetzung

Ein Witz

Anton fragt Papa Weißt du, was wir heute in Chemie gemacht haben?

Der Vater antwortet Erzähl!

Anton sagt Wir haben etwas über Sprengstoff gelernt.

Der Vater fragt Und was macht ihr morgen in der Schule?

Anton fragt zurück Welche Schule?

> **Satzzeichen fehlen!**

1 In diesem Witz fehlen bei der wörtlichen Rede die Doppelpunkte und die Anführungszeichen.

    a. Setze die fehlenden Zeichen.
    b. Schreibe den Witz mit allen Satzzeichen ab.

Meine Punkte:

/15

2 Setze bei den folgenden Sätzen mit **weil** oder **obwohl** die fehlenden Kommas zwischen Hauptsatz und Nebensatz.

> **Satzzeichen fehlen!**

Anton geht zu Papa weil er ihm etwas erzählen möchte.

Anton ist aufgeregt weil im Chemieunterricht etwas passiert ist.

Papa hört Anton zu obwohl er lieber seine Zeitung lesen würde.

Das Schulgebäude gibt es nicht mehr weil es im Chemieunterricht

mit Sprengstoff zerstört worden ist.

Der Witz ist lustig obwohl eigentlich etwas Schlimmes passiert ist.

/10

/25

Meine Gesamtpunktzahl: 22–25 Punkte: 14–21 Punkte: 0–13 Punkte:

von 25   Super!   Das kann ich noch   Ich arbeite die Seite 58
                                                             besser. Ich übe weiter!   noch einmal durch.

85

Grammatik: Passiv verwenden

Moderne Papierherstellung

In einer modernen Papierfabrik _____ heute

am Tag etwa 1.600 Tonnen Papier _____ .

Das reicht, um 2.600 Fußballfelder mit Papier auszulegen.

Für das meiste Papier _____ heute Holz

_____ . Das fertige Papier _____ zunächst auf Rollen

_____ . Anschließend _____ ein Teil davon

für verschiedene Produkte _____ . Oft _____

das Papier aber auch in ganzen Rollen _____ .

In dieser Fabrik _____ jeden Tag ungefähr 100 LKW-Ladungen

Papier _____ .

> werden (2x)
> wird (4x)
> ausgefahren
> hergestellt
> geschnitten
> gewickelt
> verarbeitet
> verkauft

1 Im Lückentext fehlen die Verbformen im Passiv Präsens.
Setze die richtigen Formen in den Lückentext ein.

Ein chinesischer Experte berichtet

Bei uns im alten China _____ die ersten Papierbögen

vor mehr als 2000 Jahren einzeln _____ .

Aus den Fasern des Maulbeerbaums oder aus der Hanfpflanze

_____ durch Stampfen in Steinmörsern

und unter Zugabe von Wasser ein Brei _____ .

Dieser Brei _____ dann durch ein Sieb _____ .

Anschließend _____ die Masse zum Trocknen in die Sonne

_____ . Zum Schluss _____ das Papier mit Steinen

_____ und die einzelnen Bögen _____

mit Färbemitteln _____ .

> wurde (4x)
> wurden (2x)
> behandelt
> gefertigt
> geglättet
> gegossen
> gestellt
> hergestellt

2 Im Lückentext fehlen die Verbformen im Passiv Präteritum.
Setze die passenden Formen in den Lückentext ein.

/12

/24

Meine Gesamtpunktzahl:

von 24

19–24 Punkte:
Super!

13–18 Punkte:
Das kann ich noch
besser. Ich übe weiter!

0–12 Punkte:
Ich arbeite die Seiten
63 bis 66 noch einmal durch.

Grammatik: Satzgefüge verwenden

1 **a.** Verbinde den Nebensatz mit **wenn** mit dem passenden Hauptsatz.
b. Schreibe vollständige Sätze auf.
c. Markiere das Komma und das Verb im Nebensatz.

Wenn ich das Fahrrad nehme,   fällt unser Wandertag aus.
Wenn unsere Mannschaft gewinnt,   komme ich pünktlich in die Schule.
Wenn es morgen regnet,   nehmen wir an der Schulmeisterschaft teil.

Meine Punkte:

/6

2 Rafik glaubt fest an den Sieg seiner Handballmannschaft. Warum?
a. Bilde Sätze mit **weil** und schreibe sie auf.
b. Markiere das Komma und das Verb im Nebensatz.

Rafik glaubt an den Sieg seiner Mannschaft.   Alle Mitspieler haben viel trainiert.
Beim letzten Spiel wurde niemand verletzt.   Alle Spieler waren fair.
Sie können sich auf das Spiel freuen.   Alle haben sich gut vorbereitet.

/6

3 Die Zuschauer des Handballturniers sind begeistert.
Was gefällt ihnen besonders gut?
a. Verbinde zwei Sätze mit **dass** und schreibe sie auf.
b. Markiere das Komma und das Verb im Nebensatz.

Luis ist beeindruckt. Es fallen so viele Tore.
Ayshe ist überrascht. Die Stimmung in der Halle ist großartig.
Orhan wettet. Rafiks Mannschaft gewinnt.

/6

/18

Meine Gesamtpunktzahl: 16–18 Punkte: 10–15 Punkte: 0–9 Punkte:
von 18   Super!   Das kann ich noch   Ich arbeite die Seiten
                                                                  besser. Ich übe weiter!   73 bis 76 noch einmal durch.

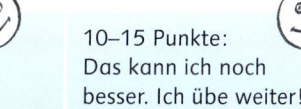

Textquellen

Elektronische Medien – wie wichtig sind sie für Jugendliche? (S. 6). Originalbeitrag.
Ein Tierpfleger versorgt einen Heuler (S. 13). Originalbeitrag.
Soll die Schule morgens später anfangen? (S. 23). Originalbeitrag.
Johann Wolfgang Goethe: Der Zauberlehrling (S. 28). Aus: Sämtliche Werke, Band 2: Die Gedichte 1800 -1832. Herausgegeben von Karl Eibl. Deutscher Klassiker Verlag, S. 141-144.

Bildquellen

S. 7: fotogestoeber – Fotolia.com; S. 12: InavanHateren/shutterstock; S. 13: Bjorn Stefanson/shutterstock; S. 14: Tim Aßmann – Fotolia.com; Tatiana Morozova/shutterstock; Jeff Banke/shutterstock; Chelle129, shutterstock; S. 17: Antje Lindert-Rottke – Fotolia. com; BMJ, shutterstock; S. 27: contrastwerkstatt – Fotolia.com; S. 34: H.D. Volz – Fotolia.com; S. 41: f/2.8 by ARC – Fotolia.com; S. 42: Andrea Seemann – Fotolia.com; S. 44: Cora Müller – Fotolia.com; S. 45: Anna Ziebold – Fotolia.com; S. 48: Fotolyse – Fotolia. com; S. 50: Ssogras – Fotolia.com; S. 51: Yuri Arcurs – Fotolia.com; S. 53: Kzenon – Fotolia.com; S. 54: Profotokris – Fotolia.com; S. 57: imaginando – Fotolia.com; S. 59: Thomas Nattermann – Fotolia.com; S. 65: Ben Twist – Fotolia.com; S. 67: Dmytro Konstantynov – Fotolia.com; S. 68: alphaspirit – Fotolia.com; S. 75: josephotographie – Fotolia.com

Illustrationen

Friederike Rave, Wuppertal: S. 28-33, 69-72
Rüdiger Trebels, Düsseldorf: S. 4-5, 11, 21-26, 35, 39-40, 43, 46-47, 49, 51-52, 55-56, 58, 60-63, 73-74, 76, 79

Soweit in diesem Lehrwerk Personen fotografisch abgebildet sind und ihnen von der Redaktion fiktive Namen, Berufe, Dialoge und Ähnliches zugeordnet oder diese Personen in bestimmte Kontexte gesetzt werden, dienen diese Zuordnungen und Darstellungen ausschließlich der Veranschaulichung und dem besseren Verständnis des Inhalts.

Redaktion: Marion Clausen, Sarah Kriz, Heike Tietz
Bildrecherche: Sabine Kaehne
Umschlaggestaltung: Cornelsen Verlag Design/Klein & Halm Grafikdesign, Berlin
Umschlagfoto: Image Source/Corbis
Layout und technische Umsetzung: zweiband.media, Berlin

www.cornelsen.de

1. Auflage, 8. Druck 2024

Alle Drucke dieser Auflage sind inhaltlich unverändert
und können im Unterricht nebeneinander verwendet werden.

© 2013 Cornelsen Schulverlage GmbH, Berlin
© 2016 Cornelsen Verlag GmbH, Berlin

Druck: Drukarnia Dimograf Sp. z o.o., Bielsko-Biała

ISBN 978-3-06-062347-1

PEFC-zertifiziert
Dieses Produkt
stammt aus
nachhaltig
bewirtschafteten
Wäldern und
kontrollierten Quellen
PEFC
PEFC/32-31-076   www.pefc.pl